親子福祉法の比較法的研究
II

里親の法的地位に関する日独比較研究

鈴木 博人 著

日本比較法研究所
研究叢書
133

中央大学出版部

装幀　道吉　剛

ま え が き

　この小著は、里親里子関係を民法（私法）上に位置づける必要性について
ドイツ法を比較法の対象として検討するものである。ここでの「必要性」と
いう語はかなり限定的な意味で使っている。里親里子関係は、それが親権者
と養育者との私的な依頼・約束によって創設される場合（私的里親、私的な養
育委託契約、慣行としての里親など言い方はいろいろあろう）と福祉機関が介在し
て福祉施策、養育支援策（親権・養育権を持つ親にとっても、また里子となる子
にとっても）として創設される場合とがある。

　私的な養育委託は養育委託契約と言われるが、この種の契約には、その契
約（取り決め）の内容の適正さに、子の福祉という観点から見たときに疑念が
生まれるものも存在しうる。福祉的手段として用いられる里親里子関係を公
的な里親と呼ぶことにすると、この公的な委託の仕方は国によって異なる。
その意味で、日本で里親制度と呼んでいるものを他国の類似の制度と同じで
あると思い込んで両者の比較検討を行ったりすると、誤解の上に誤解を重ね
ることになりかねない。その意味では、「里親」「里子」「里親里子関係」と
いう用語も、ドイツ法について用いるのが適切かどうか迷いつつも、代わり
に用いる用語によって却って議論が混乱してしまうことを避けるために、本
書では、上記の用語を国によってその内実に違いがありうるということを前
提にしたうえで用いている。本文中でも言及しているが、養子縁組や未成年
後見とは異なり、里親と里子の間には私法上の身分関係が発生しないという
ことと、施設・グループホームでの養育形態とは異なる（かかる経費が里親養
育の方が少なくて済むというような要素も含めてである）という点で日独での共
通項があると言える。

　里親里子関係では、別に養育権者がいることが前提になる。それゆえ、養
子縁組ではなくて里親養育を行うということには、養育権者の下に里子にな
った子をゆくゆくは帰すことが里親への養育委託の前提にある。だが、当初

から予定したものであろうと、結果としてそうなってしまったものであろうと、里親の下での生活が長期間続き、里親との間に親権・養育権をもつ実親より精神的、情緒的に強い結びつきが形成されてしまったときにはどうするのだろうかという疑問が大学院生の頃から私にはあった。里親との間には強い結びつきが形成される前に、別の里親のところに子を移してしまうという考え方もありうるが、それでは子が誰とも強い結びつき・関係を築けないということになりかねない（いわゆる里親漂流）。こうした疑問を児童養護施設東京育成園園長であった故・長谷川重夫先生にお尋ねしたこともあった。長谷川先生は、「そういうことはあるでしょうね」とおっしゃったと記憶している。1990 年に、1982 年 11 月設立の養子と里親を考える会事務局長の菊池緑氏から、この問題について会の研究会で報告する機会を与えていただいた。その記録は、同会の会誌「新しい家族　養子と里親制度の研究」（現誌名は、「養子縁組と里親の研究　新しい家族」）17 号に掲載され、日本比較法研究所研究叢書の前著『親子福祉法の比較法的研究Ⅰ　養子法の研究』（中央大学出版部　2014 年）にも収録した（「里親の私法上の地位——西ドイツ法を素材にして——」）。このときの報告は、論文として発表する直前のものをということだった。研究会報告では、当時同会理事長だった米倉明先生が司会の労をとってくださった。報告後の質疑応答の際に、外国法の研究をする意義について問われたことはいいとして、「里親の私法上の地位を立法によって制度化する前に、なんでも新規立法というのではなくて、他の現行法上の制度も踏まえて法解釈によって問題を解決すべき」ということ、さらに「里親による養育契約を家族法上独自の効力をもつものとして位置づけることには形式的な意味しかなく、実質的には意味をなさない」というような趣旨の指摘を受けた。

　この指摘を受けて、誰が聞いても納得することを書くようにという指導教授である故・田村五郎先生の言葉が頭に浮かび、里親の私法上の地位に関して準備していた論考は公表しないことにした。ただし、問題関心を失ったわけではなく、文献資料の収集と日本語資料として使えるようにするための邦

訳は継続していた。

　この長く寝かしたままだったテーマを扱ったのが本書である。米倉先生の先のご指摘を受けて、里親里子関係を家族法上の独自の契約関係ではなく、財産法上の契約関係になぞらえて、つまり財産法規定の準用もしくは類推適用で対応することで十分なのかどうか。多くの日本の学説は、里親里子関係を（準）委任、（準）信託というように法律構成してきた。これは子の養育を親権・監護権をもたない第三者に委ねるための法律構成であるとともに、親権者・監護権者がその権限に基づいて養育関係を解除できるようにしておくということが大切だと考えたからではないだろうか。これに日本の里親委託を措置制度とする福祉法・行政法上の里親制度が加わってくる。こうした法律構成では、里親による里子の養育が長期間に及んで両者の間に強い、精神的・情緒的結びつきが成立しているときでも、子の関係はやはり保護されないのではないだろうか。そもそも私法上、里親里子関係を財産法の制度を用いて法律構成すること自体が不自然なのではないだろうか。私法上の身分関係を作り出さないのが、つまり関係法としての法律効果はもたらさないのが里親里子関係であるが、その点を除くと親子の養育関係と同じではないか。親権・監護権は関係法上の効力としての特定の身分関係に付随してくるものである。養子縁組とは異なり、里親里子関係には親権・監護権は付随しない。しかし、子を養育・教育しているわけであるから、その養育権は、親権・監護権に由来するものでなければ理論的におかしい。親権・監護権の全部または一部の委託ということであれば、それは家族法上の制度の問題ではないか。里親の養育権の根底には親権・監護権が、その基礎として位置づけられるべきではないか。これは、里親にも一定の条件下では、家族法上の固有の権利が養育者として与えられるということになるのではないかということである（なお、この点に関する議論をまとめた先行研究として、髙橋由紀子帝京大学元教授の「里親による子の監護と親権」家族〈社会と法〉22 号 72 頁があることを挙げておかなくてはならない）。

　このような疑問を抱くきっかけとなったのは、近年里親が里子委託の措置

解除をめぐって提起するようになっている裁判で、措置解除は不当として里親が争っても勝ち目がないという状況が生まれているからである。日本では、周知のように公的里親は児童福祉法上の措置ということになっている。しかし、ドイツでは里親委託（繰り返すが、里親という語を使っていいか迷うところである。Vollzeitpflege：昼も夜もずっと面倒を見るというのがドイツ語である。だから Tagespflege：昼間だけ面倒を見るという制度もある。）は、措置ではなく、基本構造は、あくまでも養育者と親の配慮権者との契約である。この契約は実際には文書で行われていないことも多いというが、児童虐待事例で保護された子が養育委託されるときには、親の持っている親の配慮権を後見人や保護人に司法判断を得て移してから、その後見人や保護人が養育契約を行う。この法律構成であれば、養育契約の解除に子の福祉を侵害する要因があれば、行政訴訟ではなくて私人間の親の配慮をめぐる紛争ということになり、子の福祉にかなうかどうかという基準での審理が可能になると考えられる。この視点でドイツ法を見直してみると、本書で示したように、この問題をめぐって長い議論、判例、立法の試みがあることが改めて明らかになる。こうした経緯でまとめたのが本書である。また、里親制度全般ではなく、長期養育となった里親里子関係についての議論に絞っての歴史、ドイツ民法第1632条4項に結実するに至った論理のみを扱うという、言ってみればバランスの偏った一書になったのは以上の理由による。

　反面で、上記第1632条4項が成立するまでしか本書ではフォローしていないので、その後も議論され、さらに条文改正が行われた経過、児童ならび少年援助法の各条文との関連性、判例の情況、里親に限らない、親の配慮権をもたないけれども子を養育している養育者の法的地位、また日本法でこれまで主張されてきた里親委託の法的性質をめぐる学説の分析等については、別途改めて明らかにしなくてはならないという課題が残っていることになる。

　本書の刊行にあたっては中央大学日本比較法研究所事務室の林和彦氏、中央大学出版部の中村英之氏に大変お世話になった。林氏には、既発表の拙稿の転載許可手続きをはじめ本書刊行に向けた事務手続きを遺漏なく進めてい

ただいた。中村氏には、いつもながら仕事の遅い私に、種々ご助言をいただきながらお付き合いいただいた。

　また、家庭養護促進協会大阪事務所の中合由貴氏、岩崎美枝子先生、そしてなによりヤス君の里父母さんには「あたらしいふれあい」掲載の手記を資料として転載することをご快諾いただいた。

　小著の刊行は、ここに記した皆さんに加え、研究をサポートしてくれる日本比較法研究所および中央大学図書館の助けを得て実現したものであり、心から感謝とお礼を申し上げたい。

　2024 年 1 月 10 日

鈴 木 博 人

親子福祉法の比較法的研究 Ⅱ
——里親の法的地位に関する日独比較研究——

目　　次

まえがき

第Ⅰ章
里親制度の法律構成についての基本的な疑義
——本書の問題意識——

　養子縁組と里親委託は、個人（私人）の家庭で子が養育される（家庭養育・家庭養護）という外形は類似している。養子縁組が私法（民法）上の親子という身分関係を発生させるのに対して、里親委託は私法上の身分関係を発生させないものであるとされる。身分関係を発生させはしないが、里親と里子との間では、単なる大人の第三者との関係とは異なる生活関係、信頼関係の構築が目指され、また実際に構築されることが多い。里子が幼い場合、年齢が低いほど里親との間で親子としての結びつきが構築されやすい。実親との関係よりも強固な関係が構築されてしまった後で、里子であった子が実親家庭に戻ることになった場合に、構築されてしまった里子にとっての里親との結びつきは無視されていいのだろうか。元々里親委託された子は、実親の下へゆくゆくは戻るということが計画されているのではないだろうか。実親の下に戻る見込みがないということであれば、里親委託ではなくて養子縁組が目指されるのではないのだろうか。養子縁組を目的としない里親委託（養育里親）と養子縁組へのプロセスとして利用される里親委託（養子縁組里親）とが、里親という制度の中で（タイプの異なるものとして分けられているとしても）行政法上の措置として扱われるということで問題はないのか等々、里親制度の法律構成については次々と疑問が出てくる。

　里親制度は福祉法・行政法上の制度として設けられている。しかし、実際には、委託された子は、家庭生活を営むという形で養育される。外形的には実親子、養親子、里親子の生活は、事情を知らない者の目からは区別がつかない。とはいえ、法的には親権が、実親子と養親子には設定されているが、

里親と里子との間には存在しない。そうすると里親はどのような権限をもって里子を日々養育しているのであろうか。行政法である児童福祉法（以下、児福法と記す）に基づき里親委託措置が行われれば、民法上の養育権限も里親に自動的に発生もしくは委譲されるのだろうか。そんなことはあるまい。また、里親が里子を守るために第三者と法的に対峙するときにはどのような権利を根拠にして立ち向かうことができるのだろうか。そもそも里親はそのような権利を持たないということで、争っても勝ち目はない、つまりは無権利なのだろうか。

　これらの疑問を前にしたとき、日々里親が里子を養育しているにもかかわらず、日本法では子の養育に関する基本的な権利関係を規定する民法に里親に関する規定が設けられていないことに直面する。行政法である児福法が里親制度を設けているからといって、身分権に属する親権やその構成要素である身上監護権、財産管理権、法定代理権が里親に付与されるなどということは、市民社会法の基礎法である民法の基礎理論からは考えられない。行政が、勝手に一身専属的な基本権である身分権に手を突っ込めるなどということは認められない。そう考えると、里親里子関係については、福祉法・行政法と民法（家族法）との間を取り結ぶ法規定が置かれていなければおかしいということになる。

　現行のドイツ法は社会法典第8編の児童ならびに少年援助法（以下、KJHGと記す）と民法との間で、それぞれの法領域で規整するべき事項が整備されている。もとよりそれが完璧なものであるかどうかはわからないが、そうした法規整がなされていない日本法の問題性を析出するために、現行ドイツ法の関連法制について整理して示すことにより、ドイツ法と日本法との違いを明らかにするのが本書の目的である。

　では、比較法研究としてドイツと日本の里親里子関係に関する法律上の違いを明らかにすることが最終目的なのかというとそうではない。近代市民社会法の基礎法である民法の親子関係と外形上類似している里親里子関係のドイツ法上の位置づけを確認することを通じて、日本の里親里子関係の法規整

は、近代市民社会法の論理・構造に照らしたときに、果たして近代市民社会法の体をなしているのかどうかを確認することを目指したい。

日本では、この問題が正面から論じられてこなかったこともあり、児童福祉関係者の論考でもほとんど取り上げられていない。1984年に里親委託が盛んな埼玉県で、「現委託児がおり、既に解除した児童の経験をもつ里親宅」計30戸を訪問した意識調査について、里親制度の先駆的研究者の一人である故・松本武子氏が公表した論考がある[1]。同氏が行った調査によると、「里親になって後悔した理由（複数回答）」に対する回答として以下の結果が示されている（単位のついてない数値は回答実数）。17人の回答者の複数回答である。

① 家族間にいさかいが増えた　6　35.3％、② 里子に失望した　1　5.9％、③ 苦労が多くてむくいられることが少ない　5　29.4％、④ 世間から理解されず孤立しがち　1　5.9％、⑤ いつ引取られるのかいつまで預かればよいか不安　7　41.2％、⑥ その他　1　5.9％である。「いつ引取られるのかいつまで預かればよいか不安」という回答が最も多く4割の里親が「里親になって後悔した理由」に挙げている。この質問はいくつかの意味にとりうるのではないかと考えられる。つまり、里子と生活しているが突然引き取られてしまうのではないか（措置解除ということになる）という気持ちとも、里親の養育計画のようなものが見えなくて先行きの見通しについて何もわからなくて不安だという気持ちのようにも考えられる。質問事項の意図とその受け止め方についてはいくつかの可能性が考えられるが、里親委託が長期に及び（それが当初の予定通りだったのか、短期の予定が結果として長期になってしまっているのかはともかく）、里親家庭で里親と里子の間に親子としてのつながり、絆が生まれてしまった後に措置解除または措置変更による引取りとなった場合、成立してしまった親子としての結びつきはどのように考えたらいいのかという疑問が浮かんだ。この疑問をずっと抱えていたが、近年、里親委

---

1) 松本武子「里親制度に関する調査研究」聖徳学園短期大学研究紀要19号　1986年、125頁。特に141頁。

託措置の解除をめぐる訴訟が里親と措置権者の都道府県との間で目につくようになった。これをきっかけにくすぶっていた上記の疑問を解消するために、また里親、ということは里子の法的地位についてドイツ法を比較法研究の対象として検討してみようというのが本書の意図である。

第Ⅱ章

日本法における里親の法的地位と構造的な疑問

——問題点の明確化——

　本章では、私法（民法）の観点から見た日本の里親制度に関する疑問を提示していく。このことは、問題点を絞り込み、里親制度のどの部分を手掛かりにして検討を進めていくかを特定していくための作業である。

1　里親委託措置—入口での疑問

　現行日本法上は、児福法6条の4で里親の定義がなされている[2]。各種法定のルートを経て児童相談所（以下、児相と記す）に通告（児福法25条：要保護児童発見通告）、送致（同25条の7、1項1号および2項1号：市町村からの送致、同25条の8、1号：福祉事務所からの送致、少年法6条の6：警察官による送致、同18条1項：家裁による送致）された児童について、児相長は、27条所定の措置を要すると認めた者については都道府県知事に報告することになっている（26条1項）。報告を受けた都道府県は、児福法26条1項および少年法18条2項により送致のあった児童について児福法27条所定の措置のいずれかを採らなければならないとされている。27条1項3号所定の措置の一つ

---

[2]　「里親」についての定義が法律に規定されるに至ったのは、2004年の里親制度改正（児童福祉法の一部を改正する法律（法律第153号））により児福法6条の3に独立した定義規定が設けられたときである。それまでは、児福法27条3項に「里親（保護者のない児童又は保護者に監護させることが不適当であると認められる児童を養育することを希望する者であって、都道府県知事が適当と認める者をいう）」と括弧書きで定義されているだけだった。

として里親委託が挙げられている。同条4項は、里親委託を含む上の措置は、「親権を行う者又は未成年後見人の意に反して、これを採ることができない」と定めている。

　ここでいう「親権を行う者又は未成年後見人の意」というのは、どのように解されまたどのように扱われているのだろうか。

　現在は公刊されていないが、かつて児童福祉司の間で児童相談所運営指針と共に手にされていた解説書によると次のように記されている[3]。

　　　第二十七条第四項の「親権を行う者又は後見人の意に反して、これをとることができない」とは、これらの者が反対の意思を表明しているときには強行できないという意味であって、親権を行う者または後見人の承諾を得ない限り措置の決定ができないというように狭く解する必要はない。ただし、本条の措置により児童を児童福祉施設に入所させ、または里親もしくは保護受託者[4]に委託した後においても、親権を行う者または後見人が反対の意思を表明したときは、これに反して措置を継続することはできないから、入所の措置を解除し、児童を退所させなければならない羽目になるので、できる限り、本号の措置をとる前に親権を行う者または後見人の意思を確認する措置を講ずるとともに、たとえ反対するときでも無知、偏見等により反対する例も多いので、これらの場合には関係者の積極的なケースワークにより、納得を得るよう努めることが必要であろう。

　　　このように、親権を行う者または後見人の意に反して、児童を引き離すことができないのは、民法第八百二十条の規定により、児童に対する

---

3)　厚生省児童家庭局編『最新・児童福祉法母子及び寡婦福祉法母子保健法精神薄弱者福祉法の解説』時事通信社、1988年、159頁。以下では、本書は『解説』と略記する。

4)　保護受託者制度は1951年に導入されたものであるが、2004年の児福法改正によって廃止された。

監護が親権として、親権を行う者または後見人の権利と解されているため、これらの者の意思に反してなすことは、その権利を侵害する結果となるためである。しかし、児童の福祉が親権の行使により常に確保されると期待することもできないので、たとえば、第二十八条に規定するような場合には、これらの者の意に反して措置することができるよう例外例を認めている。ただし、この場合にも司法機関である家庭裁判所の承認にかかわらしめ、行政機関により一方的独断的な行政処分が行われないよう配慮されている。

この解説は、民法の親権制度との整合性を考慮したものといえる[5]。

---

5)　児福法27条4項の理解——民法の親権制度との関係——について少し異なる整理をしているものもある。磯谷文明・町野朔・水野紀子編集代表　岩瀬徹・久保野恵美子・柑本美和・浜田真樹・藤田香織編『実務コンメンタール　児童福祉法・児童虐待防止法』有斐閣、2020年、313頁（児福法27条の項、藤田香織／横田光平）では次のように記されている。すなわち、「本件措置は、親権者等が存在しないために保護を要する児童をも対象として念頭に置くものであり、このことが示すように本件措置は親権者等の意思に基づいて初めて行われ得るものではなく、専ら児童が保護を要する状態に着目して一方的に行われる職権行為である。親権者等の意思の尊重は、精神保健福祉法における任意入院のような本人の自己決定の尊重と異なり、「子の利益のため」（民820条）の権限行使における意思の尊重であり、本件措置は、例えば親権者等が子を十分に監護できない場合に、みかねた隣家の者が親権者等の依頼によらずに一時的に子の面倒をみる事務管理（≠契約）と同列に理解すべき職権処分（≠申請に対する処分）であるから、親権者等が反対の意思を示さない限り、これを行うことができるのである」と。27条1項3号の措置が親権者のいない児童について行われることはある（孤児、棄児）。ところが、それが、親権者がいる場合に、児童の要保護状態に着目して一方的に行われる職権行為の論拠にされている。ここには論理の飛躍がある。この説明が職権（一時）保護に関するものであればともかく、27条措置についてのものであるとすると、この場合親権はどこに位置づけられているのか不明確である。「子の利益」に資するものという親権の性質から、職権で保護することが、例えば迷っている親権者の意思も尊重しているという説明には無理がある。また、児童保護を職務とする児相の措置を、第三者である私人が行う事務管理と同じ性質と

児相内部の指針を示す『児童相談所運営指針』[6]第4章援助、第4節里親には、次のように記されている。

5．こどもの委託

(1) 里親の選定

ア　里親にこどもを委託する場合においては、こどもの最善の利益を確保する観点から、こどもや保護者等の意向、意見を十分尊重しつつ、こどもと里親の交流や関係調整を十分に行った上で委託の適否を含め判断を行うことが必要である。また、そのこどもがこれまで育んできた人的関係や育った環境との連続性を大切にし、可能な限り、環境の変化を少なくするなどその連続性をできるだけ保てる里親に委託するよう努めること。

（後略）

イ　里親にこどもを委託する場合においては、こども及びその保護者並びに里親の意見を聴いて、当該こどもの養育の内容その他の必要な事項について当該こどもの養育に関する計画を作成すること。

ウ　里親にこどもを委託する場合において、こども若しくはその保護者の意向が児童相談所の方針と一致しない等の場合は、法第27条第3項、第28条第1項第1号又は第2号ただし書の規定による措置を採るものを除き、都道府県等の児童福祉審議会の意見を聴取しなければならない（令第32条）が、その手続等については、第3章第7節「都道府県児童福祉審議会への意見聴取」による。

（中略）

言いうるのか疑問でもある。

6)　児童相談所運営指針は、ほぼ毎年、年によって1年で複数回改正されている。本書で依拠している運営指針は、令和5年3月29日、子発0329第14号、各都道府県知事、指定都市市長宛の「児童相談所運営指針について」によるものである。https://www.mhlw.go.jp/content/001089117.pdf（2023年11月7日確認）。

⑵里親委託するこども

　（ア〜オ略）

　カ　次に掲げる事項のいずれかに該当する場合には、当面施設入所措置によりこどものケアや保護者対応を行いながら、家庭養護への移行を検討する。

・情緒行動上の問題が大きいなど、家庭環境では養育が困難となる課題があり、施設での専門的なケアが望ましい場合

・保護者が里親委託に明確に反対し、里親委託が原則であることについて説明を尽くしてもなお、理解が得られない場合（法第 28 条措置を除く。）

・里親に対し、不当な要求を行うなど対応が難しい保護者である場合

・こどもが里親委託に対して明確に反対の意思を示している場合

・こどもと里親が不調になり、こどもの状態や不調に至った経緯から、施設でのケアが必要と判断された場合

⑶保護者やこどもへの説明

　保護者に対しては、里親委託についての理解を得るため、養育里親と養子縁組里親との区別や、社会的養護については里親委託が原則であり、里親による家庭養護がこどもの健全な心身の発達や成長を促すものであること等を十分に説明する。

　里親にこどもを委託する際は、こどもや保護者に対し、次の事項について十分な説明を行う。ただし、保護者に対してこどもの住所等を明らかにした場合にこどもの保護に支障を来すおそれがあると認めるときは、支障のない事項について説明する。

① 委託措置を採ることとした理由

② 委託しようとする里親の氏名、居住地等委託する里親に関する事項

③ 里親による監護措置及び親権者等のない場合の児童相談所長による親権代行、これに対する不当な妨げの禁止、緊急時の里親による対

　応など、里親委託 中の監護措置に関する事項

④ 里親委託中の面会や通信に関する事項

⑤ 里親委託中の費用に関する事項

　また、こどもに対しては、こどもが有する権利や権利擁護のための仕組み（こども自身がいつでも電話や来所等の方法により児童相談所に相談できることなどの仕組み）についてもこどもの年齢や態様等に応じ懇切に説明する。里親委託中の里親による監護措置等については、保護者に対する措置決定通知書 に付記することが望ましい。

　運営指針が示しているのは、親の意向と児相の方針が合致しないときは、27 条 1 項 3 号の措置をとれないということではなくて、その場合は児童福祉審議会の意見を聴くということである。前述の『解説』の説明を前提にすれば、ここでの子どもや保護者の意向というのは、親権者の明確な意思、いわば同意権を行使して示された意思ではなく、承諾はしていないが、明確に拒絶もしていないというものになろう。上記児童相談所運営指針にも、保護者[7]が明確に里親委託に反対しているときには、裁判所の判断によるほかには里親委託できないということを前提にした記述がある（本書 9 頁の⑵カ 2 番目の・）。

　以上見たように、27 条 4 項の「意に反して」の「意」は、民法で親権者の同意（以下では、親権者とのみ記すが、特に限定しない場合、未成年後見人についてもあてはまる。）とか父母の同意という場合の同意とは異なると解されている。そうすると、次のような疑問が民法の視点からは生まれる。すなわち、このようにして児福法 27 条 1 項 3 号に基づく里親委託措置がなされたとき、親権者の親権はどのような法的状態にあるのだろうか。親権は法的には一切制限されてはいない。一身専属的な身分権である親権が司法判断によらず、行政行為（職権行為）によって法的に制限されるということは原則と

---

7)　運営指針は「保護者」と記しているが「親権者または未成年後見人」という表記が正確であろう。

してあり得ない。明確な意思表示をしないあるいはできない、そして法制度についての知識を必ずしも持ち合わせているとは限らない親権者が、明確に27条措置を承諾するとか拒絶するとかしない（できない）事例は少なくないと考えられる。例えば、「お母さん（あるいはお父さん）、今は少し大変だからお子さんを児相の方で預かりましょうか？」と提案したとき、「わからない」と親権者が答えることなど珍しくないのではないだろうか。児相はケースワークをしているわけであるから、児童について調査・判定をして、その結果が27条1項3号の措置ということになると考えられる。そうすると、27条1項3号所定の措置のうち里親委託が適当と判定された場合、児相は、「児童・保護者・家族等の意向を十分尊重し当該児童にもっとも適合する里親を選択し、事前に里親と十分連絡をとり、児童が安定して里親家庭で生活できるよう慎重に委託を進める」[8]ことになろう。そのなかで、親権者の意が判然としないという場合にここで述べてきたような問題が生じるといえる。このようなときに親権はどのような状態にあるのだろうかというのが、まずは里親委託措置の入口での疑義である。

2　里親が里子を受託中の権限

　2004年の児童福祉法改正（平成16年12月3日　平成16年法律第153号）における里親制度改正では、児福法47条2項に里親に関する文言が付け加えられて、「児童福祉施設の長又は里親は、入所中又は受託中の児童で親権を行う者又は未成年後見人のあるものについても、監護、教育及び懲戒に関し、その児童の福祉のため必要な措置をとることができる」とされた。その後この条文には児福法6条の2第8項に「小規模住居型児童養育事業」（いわゆるファミリーホーム）が規定されることに伴い、これが47条2項に付け

---

8)　佐藤進・桑原洋子監修、桑原洋子・田村和之編『実務註釈　児童福祉法』信山社、1998年、163頁（竹中哲夫）。

加えられたりして[9]、現行の 47 条 3 項となっている。ここで問題にするの
は、受託中の児童について、親権者がいても、監護、教育及び懲戒につい
て、その児童の福祉のため必要な措置をとる権限が認められたことである。
行政法である児福法に「監護、教育及び懲戒」という民法の親権規定（民
820 条、822 条）が挙げている権限と同一名称の権限を里親に認める規定が設
けられたことの理論的意味は何だろうかということである。

　まず問題にしなければならないのは、里子を受託している里親は、里子に
親権者がいるとしても、「監護、教育及び懲戒に関」する措置をとることが
できるとしているが、これは、親権の一部なのか、親権とは別の行政法上の
特殊な権限で、しかもその行政法上の権限が、身分権である私法上の親権を
上回る効力をもつものとして設定されているのかということである。

　類似の問題はすでに吉田恒雄氏により指摘されている[10]。平成 9 年 6 月 20

---

9)　2008 年の里親制度改正の中で行われた。「児童福祉法の一部を改正する法律」
　　（平成 20 年 12 月 3 日　法律第 85 号）。

10)　吉田恒雄「児童福祉法改正と里親制度」新しい家族　養子と里親制度の研究 46
　　号、2005 年、62 頁。なお、同誌には、西川公明「里親の権限と実親の親権につい
　　て──事例と議論の変化を振り返って──」68 頁、中川良延「里親の法的地位に
　　ついて──「国際比較」の示唆するもの──」77 頁が掲載されており、本稿と同
　　じ問題意識が示されている。とりわけ西川上掲 74 頁には、現在文献検索によって
　　は見つからない 2003 年に全国里親会により立ち上げられた「里親委託促進のあり
　　方に関する研究会」の提言の中の、里親の権限の強化と親権代行権の必要性が述
　　べられている部分が引用されている。参照の便宜のために少し長いが抜粋してお
　　く。

　　　（提言の・筆者注）第二　民法・児童福祉法による親権（代行）の付与
　　　現行の民法は、実親の親権を最大限尊重しており、里親委託してからも、
　　法律上は実親に全面的に親権がある（父母等の親権の喪失は民法八三四条に
　　規定されているが、停止・制限については規定がない）。実親が死亡、行方不
　　明、親権の喪失等の場合に後見人に選任されたときを除き、里親は、里子に
　　関して法令上は何らの権利・義務もないという状況に置かれている（参照、
　　昭和二四年七月十八日、児童局長通知）。
　　　その結果、学校関係を含め諸手続の際にトラブルが絶えない（パスポート

日発出の各都道府県知事、指定都市市長あて厚生省児童家庭局長通知（児発第434号）「児童虐待等に関する児童福祉法の適切な運用について」の「五　施設入所等の措置（法第二七条及び第二八条関係）について」は、次のように記している。

　　ウ　保護者等の同意を得ずに法第二八条の規定に基づき家庭裁判所の承認等を得て行った児童福祉施設入所措置について、施設入所後、保護者等が児童の引き取りを求めてきた場合の対応について、児童福祉施設に対し、以下の点を指導すること。

　　(ア) 保護者等の引き取りに対しては、法第二八条による家庭裁判所の承認があった以上、児童福祉施設の長に与えられた監護権が保護者等の監護権に優先することになるので、これを拒むこと。

────────────────

　の取得については、外務省の通知で代理が可能になった）。ちなみに、児童福祉施設の施設長が、児童福祉法四七条（及び四八条）によって、親権を代行し、親権者のいる場合であっても、監護・教育・懲戒に関し必要な措置をとることができることとなっているのに対し、あまりに不平等である。
　国においては、里親制度の重要性を鑑み、早急に民法、児童福祉法を改正して、里親へ委託措置した場合に、同意がなくとも、実親の親権を停止（制限）し、里親に親権を代行する権限を与えるべきである。
　また、法令の改正を待つまでもなく、現行制度の下において、里子養育における特別な人間関係に鑑み、司法が児童の福祉のために実親の親権停止（及びその解除）について的確に判断するよう、行政の立場から十分な助言と説明をすべきである。とりわけ、被虐待児に対する親権の取扱いについては、里子の立場に一層の配慮がなされるべきである。

　さらに、88頁以下には「［資料・国会会議録より］児童福祉法の一部を改正する法律案に関する衆参両議院厚生労働委員会における審査　とくに里親制度及び懲戒権に関する質問と答弁の要旨」が掲載されている。そこでは、主として「里親制度を活性化するための課題と対策」と「里親に認められる懲戒権についての懸念」が討議されており、本書の問題意識に合致するような問題提起はなされていない。

この通知は里親の監護、教育権限が法定される前に発出されたものであるが、児童に親権者がいる場合であっても施設長同様に里親にも監護、教育権限が付与されたのであるから、28条審判により里親委託が認められると、里親の権限は親権者の親権に優先するので、実親からの引き取り請求があってもこれを拒絶できるとしている[11]。ただし、このように解することができるのは、現行児福法47条3項でいう「監護、教育及び懲戒」の権限が民法の監護教育権及び懲戒権と同じものであるということを前提にするからである。このように解すると、この条項をもって里親は私法（民法）上の地位を得ることになる。それにより里親は私法上の地位を持つ者として実親と親権をめぐる当事者として対峙しうることになる。しかし、この法律構成には大いに疑問がある。行政法である児福法に47条3項のような条項を置けば、親権制限手続き（この議論がなされた当時は民法には834条の親権喪失規定しかなかった）を経ずに親権を制限しうるということは、私法秩序に対する行政の過剰介入ということになる。身分権である親権の制限は、司法判断に拠るほかない。

434号通知では、現実問題として、児童福祉施設に親権者が押しかけ子の引き取りを強く主張し、場合によっては騒動を起こしたり、宿直者の人数が少ない夜間に拡声器を用いて抗議をしたりということから、子の引き取りの要求を拒絶するために施設長に引渡し拒絶権を付与したかったのだと考えられる。だが、これは、施設長に親権者の親権に対抗する権限を持つ者として対抗する権限、法的地位を与えることになる。本来、施設入所でも里親委託でも児福法27条の措置として行われる。28条審判の場合も家裁が判断するのは、都道府県（児相）が27条1項3号の措置をとることが相当かどうかであって、この時に親権喪失あるいは親権の一時停止要件が存在しているかどうかを家裁が判断するわけではない。親権者の引き取り請求については、措置権者は都道府県（実質的には児相）なので、児相から委託されている児童

<hr />

11) 吉田氏は、この場合親権者の親権が停止するという（434号通知をそのように解している）。吉田、前掲注9）62頁。

福祉施設（長）や里親に引渡し決定権はないということになる。したがって、法律構成上、里親と親権者が私法上の当事者として、直接対峙することはありえない。こうした法構造からすると、児福法47条3項がいう「監護、教育および懲戒に関し、その児童の福祉のため必要な措置をとることができる」権限は、民法上の親権の一部（監護教育権、懲戒権）を意味しないと言わざるを得ない。里親が里子の措置委託解除処分の取消を求めた事件で、横浜地裁2019（平成31）年3月13日判決は、児福法47条3項について、「要保護児童の委託を受けた里親は、専ら当該児童の健全な育成と福祉を図るために」、個人的な立場ではなく、公的な立場においてその養育を行うことが期待されているものなので、「委託された児童の福祉を実現するための手段として里親に一定の権限を付与した規定にすぎず、里親固有の個人の権利利益として当該権限を付与したもの」ではないとしている[12]。この判断は児福法（公法）と民法（私法）の違いを認識した正当な判断である。つまり、児福法47条3項は、一身専属的な身分権である親権もしくは親権の一部（例えば、身上監護権（の一部））を里親に付与したというものではないということである。「監護」とか「教育」とか「懲戒」という民法の親権法にあるのと同じ用語が使われているが、親権者がもつ「監護権」、「教育権」、「懲戒権」とは別物であると言わざるを得ない。ではこれらの用語のもつ意味は何で、それは何に由来するものなのかは不明確である。横浜地裁判決の文言も、委託された児童の福祉を実現するための一定の権限と述べているだけであるので、この権限の法的性質はなお不明瞭である。

---

12)　判例地方自治462号70頁、TKC法律情報データベース　LEX/DBインターネット［文献番号］25566657。鈴木博人「日本法における里親の無権利性」岡伸浩、小賀野晶一、鎌野邦樹他編『高齢社会における民法・信託法の展開　新井誠先生古稀記念論文集』日本評論社、2021年、261頁。本書26頁。

3　里親委託終了時の里親の（無）権限

　児福法上の里親には、里親委託措置の解除（里親里子関係の終了）の際に、委託措置解除を拒絶する権限は認められていない。里親委託解除措置に異議を唱えて争うには、当該措置の不当性を争う行政訴訟を提起することになる。2で述べたように、児福法47条3項の里親の「監護、教育及び懲戒」に関する権限は、親権の一部ではなく、いわばこれらの事項について、里子養育中に里親にも、委託児童が私法上の行為を行うについて承諾する裁量権があるという程度の意味を持つにすぎないものといえる。もっとも、なぜそう言えるのかの理論的根拠はやはり不明確である。親権者から養育を委託されているのであれば、親権の一部行使を委ねられたといえるが、里親は里子を都道府県から委託措置されているのであって、親権者から親権行使の委任を受けているわけではない。

　こうした枠組みの中で里親が里子の措置解除に異議を唱える訴訟を提起しても公表されている判例では、里親の主張が認められたものは存在しない[13]。概要を示すと以下の通りである。里親あるいは元里親が原告となった事件は6件ある[14]。里親が児相または児相設置自治体を提訴したものが5件、元里親が親権者を相手方として提訴したものが1件である。前者の5件は根拠法として国家賠償法、行政事件訴訟法、憲法、国際条約（市民的及び

---

13)　詳しくは、鈴木前掲注11）252頁以下、本書第Ⅲ章（19頁）の裁判例分析を参照。なお、日本の現行里親制度を法制上整理したものとして、床谷文雄「社会的養護（施設・里親）と親権・監護権」二宮周平編集代表『現代家族法講座　第3巻　親子』日本評論社、2021年、303頁。

14)　ここで「元里親」という語を使っているのは、里親委託措置を解除されている者が争っているのだから、それらの者は元里親ではないかということではない。公表されている事件の中に、里親委託措置は解除されたが、引き続き児相により同一児童を一時保護委託された事例があるからである。この事例の原告を「元里親」と称している。鈴木前掲注11）264頁、本書34頁参照。

政治的権利に関する国際規約）を根拠として、国家賠償や委託解除措置取消し、委託解除処分に係る審査請求却下裁決の取消しを求める事件であった。これに対して、1件は、元里親が民法766条の監護者としての指定を求めた事件である。最終的に（元）里親の主張はすべての事件で認められなかった。

　これら事件の判決で里親の法的地位に直接、間接に言及しているのは2件である。1件では次のようにいう[15]。すなわち、「里親が、委託に基づき里子となる児童を養育監護することは、里親が養育家庭で果たすべき義務であると同時に里親という地位を享有できる利益であり、この利益も法的保護に値する」と。もう1件では[16]、里親委託措置は、地方公共団体と里親との間の準委任契約的関係の性質をもつ公法上の法律関係なので、里親による里子の養育監護は、里親が果たすべき義務であると同時に、里親の債権的な利益であるとする。この利益は不法行為法上法的保護に値する利益で不法行為責任が生じる余地があるという。

　里親里子関係の終了段階での里親の法的地位に関する立法論的議論はあまりなされていない。これは何故だろうか。近年、里親委託推進がうたわれ、里親のなり手を募集するポスターも目にする。そこでは、広げよう「里親」の輪として、養育里親、養子縁組里親、季節・週末里親の種別が示されている。このこと自体には何の異議もないが、里親になった場合、なろうとした場合に、今の時点では、実は里親が有する権利ははっきりしていないのですよ、あるいはほぼ無権利なのですよということが伝えられるのだろうか。養育里親と養子縁組里親で法的な権利義務に何らか違いがあるのだろうか。里親が不満・不合理を感じて、訴訟を起こしてもほぼ勝訴する見込みはありませんということで、里親制度が法制度として問題ないといえるのだろうか。

---

15)　東京地裁1991（平成3）年2月12日判決（平成元（ワ）第1103号、損害賠償請求事件）、判例タイムズ768号97頁。

16)　横浜地裁2019（平成31）年3月13日判決（平成29年（行ウ）第38号、措置委託解除処分取消等請求事件）、判例地方自治462号70頁、TKC法律情報データベース　LEX/DBインターネット［文献番号］25566657。

　以上の論述を踏まえて、次章（第Ⅲ章）では、日本における里親の法的地位をめぐる裁判例を見てみることにする。

第Ⅲ章

日本における里親の法的地位をめぐる裁判例
――［附・資料］裁判にならない措置解除事例――

　本章では、日本の裁判例で里親の法的地位が問題とされた公表判例を検討する。各事例では里親の法的地位以外の点も争点になっており、また主たる争点は里親の法的地位についてではない事件もあるが、紛争類型としては、児福法上の里親委託措置の解除を争って児相および児相を設置する自治体に対して国家賠償訴訟を提起するものが多い。賠償請求ではなくて、措置の取消しを求めるというものも存在する。これらは、里親（措置解除されているので元里親とも言いうる）対児相・児相設置自治体という類型である。これに対して、里親（元里親）対実親（親権者）という紛争類型も1件だけであるが存在する。公表されている判例は、そもそも件数が少ないが、里親対児相・児相設置自治体という訴訟類型と里親対親権者という訴訟類型の比率が5件対1件という点に日本の里親制度の特色が象徴的に現れている。

　本章は、里親が提起する訴訟がこのような形をとらざるを得ないことから浮かび上がってくる日本の里親制度の構造的な問題点・疑問を解明しようとするものである。まずは、各事例の概要を見ていくこととする。

1　里親が児相・児相設置自治体を提訴する類型

　［1］　東京地裁 1991（平成3）年2月12日判決（平成元（ワ）第1103号、損害賠償請求事件）[17]

---

　17)　判例タイムズ 768 号 97 ページ。本件について、里親の立場からの報告として、佐藤敏子「里親と親権をめぐって　里親の立場から」新しい家族　養子と里親制

20

［事件の概要］

　原告 X1・X2 夫婦は、児福法に基づく里親（東京都の場合、養育里親を養育家庭制度として運用しているので、同制度の上では養育家庭）[18] として、本件児童 A の養育を 1981 年 3 月 28 日付け措置通知書をもって委託された（委託当時 A は約 9 歳 9 カ月）。その後 1983 年 3 月と 1985 年 3 月に A の里親委託は更新された。ところが、A が中学校入学後の 1985 年頃から、X1・X2 との感情的対立や生活態度の乱れが見られるようになった。そこで、養育家庭センター（養育家庭について相談、支援等を行う）に指定されている児童養護施設 B 園の指導員らは、X ら及び A と面接して状況把握や指導助言に努めた。B の園長 Y1 は、1986 年 3 月 12 日頃、児相センターの児童福祉司 C に X らと A の関係が不調をきたしていることを報告し、面接、指導助言及び今後の処遇の検討等を依頼した。同月 27 日頃に訪問した C に、X らは、その養育方針に A が反発し里親里子関係が不調をきたしていることを、他方 A は X らの下にはもういたくないという意思を示した。そのため、関係修復のため一週間程度 A を B 園に預けるのが相当とし、その旨児相センター長 D にも報告した。その後も A は心理的に不安定な状態で、X らの下に戻る意思はなく、関係改善の兆しは見られなかったため、3 月 23 日に、D は A の B 園への委託変更の措置変更処分を行った。

　X らは以上の事情を踏まえて Y1・Y2 に国家賠償請求訴訟を起こした。Y1・C・D は、里親里子関係の指導監督的立場にあったのだから、里親里子関係に問題が生じたとしても、問題改善のための指導助言を行い、措置変更処分にあたっては慎重を期すべき注意義務があった。それにもかかわらず、この義務を怠った上、Y1 は、X らを 1 週間だけとだまして A を B 園に引き

度の研究 7 号、1985 年、57 頁。

18)　本件発生当時の東京都の養育家庭制度の概要については、本件判決理由二（二）（判例タイムズ 768 号 99 頁）および堀勝洋「里親への委託を変更する処分に違法性がなかったとして損害賠償の請求が棄却された事例（佐藤訴訟第 1 審判決）」季刊・社会保障研究 28 巻 2 号、1992 年、196 頁参照。

取ったまま X らの下に返そうとせず、A と X らを引き離す目的で児相セン
ターに X らが里親として不適格との報告を行った。また、C・D は、右の誤
った判断に基づき、本件措置変更処分を行った。以上の結果、「X らが A の
里親として有していた監護権及び著しい不行跡がない限り A の養育を継続
できるとの信義則上の期待権を違法に侵害した」。これに加えて、本件措置
変更処分が X らに対する不利益処分であるのに、理由を付記せず、行政不
服申し立ての機会を奪った違法性もあるとする。

　以上の不法行為により、里親里子関係を一方的に断ち切られ、多大な精神
的苦痛を被ったとして、Y1 に対しては民法 709 条に基づき、また C・D の
不法行為は職務行為として行ったものなので東京都（Y2）に対して国家賠償
法（以下、国賠法と記す）1 条 1 項に基づいて慰謝料（X1・X2 各自につき 150 万
円、合計 300 万円）を請求した。

　［判決］請求棄却。
　①　Y1 は国賠法 1 条 1 項の「公権力の行使に当る公務員」ということが
できるので、個人としての賠償責任は負わない。国賠法 1 条 1 項の「公務
員」は、公務員としての資格を有する者に限らず、実質的に公務を執行する
者、国又は公共団体のため公権力を行使する権限を委託され、これを補佐す
る者も含むからだという。
　②　里親の法的地位については、「里親が、委託に基づき里子となる児童
を養育監護することは、里親である養育家庭の果たすべき義務であると同時
に里親である地位を享有できる利益であり、かかる里親側の利益もまた法的
保護に値するものというべきである」とする。そのうえで、養育家庭への指
導助言、児童の委託措置等は、児相側の児童育成に関する専門的判断に基づ
く合理的裁量に委ねられているとする。そのため、これら助言指導や措置が
国賠法 1 条 1 項に照らして違法とされるのは、指導助言や措置等が、児童の
福祉の観点からも著しく不合理で、その裁量判断の範囲を逸脱したと認めら
れた場合に限られるとする。そして、結果としては、Y1・C・D の対応およ

び本件処分には違法性はないという。

③　判決は、本件での児相側の対応と措置変更処分は、Aの意思を正確に把握し、これを尊重したもので、Aの年齢を考慮すると、Aの福祉に副った相当の根拠にもとづくものであって、前頁の②で記したように、専門的裁量判断の範囲を逸脱したものとはいえず、「指導助言義務ないし調査義務の懈怠又は本件措置変更処分に」Xら主張の違法はないという。

④　本件措置変更処分の理由としては「その他」と記されているにすぎない点に違法があるというXらの主張については、法令上理由を付すべきとされていないときは、処分理由を付すかどうか、付すとしたらその程度は処分権者の判断に委ねられているとする。さらに、本件では、処分に至るまで、適宜面接も行われて、措置変更の理由も口頭で説明しているので、手続的要請は満たされているとした。

　[2]　静岡地裁浜松支部 2007（平成 19）年 8 月 27 日判決（平成 17（ワ）第 413 号、損害賠償請求事件）[19]

［事件の概要］

　本件児童 X1（平成 3 年 3 月生）は、平成 12 年 3 月 25 日に、児福法 27 条 1 項 3 号により、児童養護施設から X2、X3 夫婦に里親委託された。平成 15 年 6 月に児相の担当者が家庭訪問した際には、X2、X3 は、周囲には X1 を実子として育てているのでなるべく訪問してほしくない旨を述べた。平成 16 年 1 月 24 日、X1 は Y（静岡県）の機関である児相を訪れ、X2 に叩かれて家から追い出され、これまでも叩かれる等したことがあるので怖いので帰りたくなく、施設に戻りたいと泣きながら述べたことから、児相長は児福法 33 条 1 項により X1 を一時保護し、里親委託を解除した。その後、平成 17 年 2 月 19 日、X1 は施設から無断外出し、X2、X3 宅に居住した。児相は

---

19)　判例タイムズ 1256 号 66 頁。

X2、X3 夫婦および X1 の実母に X1 を施設に戻すよう求めたが拒否された。X2、X3 夫婦と X1 は同年 5 月 18 日、静岡家裁浜松支部の許可を受けて、同月 23 日養子縁組を行った。本件では二つの請求がなされた。① X2、X3 は、児相が適切な指導助言や調査を行わず、違法に X1 の一時保護決定と里親委託措置解除決定を行ったことにより、「里親の地位を享有する利益を侵害されたとして、主位的に国賠法 1 条 1 項に基づき、予備的に、里親業務委託契約違反に基づき、Y に対し」慰謝料 250 万円を請求した。② X1 は、違法な行政処分や一時保護決定後に外部との連絡を遮断されたことなどによって、適切に養育される権利を侵害されたとして」、国賠法 1 条 1 項に基づき、慰謝料 250 万円を請求した。

［判決］請求棄却。

（1）一時保護決定および里親委託措置解除決定は、それぞれ児福法により「児相長の合理的な裁量に委ねられており、その判断が著しく不合理であって裁量の逸脱又は濫用と認められる場合にのみ」違法となる。これを前提にすると、いずれも「児相長の判断には相当な理由があり、その判断に裁量権の逸脱又は濫用があったと認め」られず、本件各決定は違法とはいえない。また、本件事実関係からすると、「児相が指導助言及び調査を怠ったということもできない」。

（2）X1 主張の不法行為は、当該措置に違法性がないか、不法行為の存在を確認できない。

本件各決定は違法性がないとされたためか、里親としての地位を享有する利益の存在、里子の適切に養育される権利については言及されていない。

［3］山口地裁 2015（平成 27）年 4 月 23 日判決（平成 23 年（ワ）第 555 号、損害賠償請求事件）[20]

20）TKC 法律情報データベース　LEX/DB インターネット［文献番号］25540959。

24

［事件の概要］

　本件は、原告 X（ソーシャルワーカーやソーシャルスキルトレーナーの経験がある）が夫 B（臨床心理士の資格を有し、児相職員や児童養護施設の施設長の経験がある）と共に専門里親として、2006（平成 18）年 8 月に本件児童 A（措置当時 8 歳）を委託されて養育していた。2 年ごとの委託更新を経た後、2010（平成 22）年 10 月 29 日に委託が解除された。この解除をめぐって、児相には次のような義務違反があったと X は指摘する。すなわち、(1) 里親委託前の施設入所時の問題行動の悪化や虐待の存在について調査不足のまま里親委託した調査義務違反、(2) 施設内虐待があったことを B が児相に通告したにもかかわらず、児相は十分調査せず、A に関する重要な情報を里親に提供できず、その結果 X らを指導助言しなかった、(3) 本件委託解除は、委託不調を理由とするものだったが、児相は、家庭訪問による里親への助言や支援、養育状況調査を実施しなかった違法が存在する、(4) A が里親との不適応感を実母への手紙に書いており、委託不調を推察する根拠となったが、児相は不調を解消する支援や助言を行わなかった違法がある。これらのことを踏まえ、X は、長期間にわたり里親家族を形成し、実母に子どもとの関係改善の努力がないときには、親権終了に準じた実体的・手続的権利（筆者注・子どもを引き離す告知を受けた上で、弁護士同道の上での対審型聴聞を受ける権利、里親家族の終了をもたらす里子の引渡しは、里子に差し迫った危険の存在が認められるという明確性の基準によるべきであり、より制限的でない他の選びうる手段を選択すべきといったことがここでの権利の内容と考えられる）が里親に保障されるとする。被告 Y（山口県）は、X の精神的傷つきへの対応を怠った不作為の違法があり、X は、「里親の地位を享受する利益、又は、憲法 13 条、24 条、31 条により保障されるべき「家族の保護」という憲法上の権利を侵害され、多大な精神的苦痛を被った」として、X が Y に損害賠償を請求した。

　［判決］請求棄却。

　里親委託措置は、措置権限をもつ児相長の合理的な裁量に委ねられてい

て、その判断が著しく不合理で、裁量の逸脱又は濫用と認められる場合のみ、里親委託措置又はその解除が違法となるとする。他方で、里親委託措置に伴う、Ｙと里親との委託関係は、「児童に対する適切な社会的養育を委任事項とする委任に類似する契約と解することができる」とする。しかし、里親委託は児相の児童に対する措置の一手段として行われるものなので、「Ｙと里親との契約関係は、委託措置と無関係の、対等当事者間の契約関係と同様のものと解するのは相当でなく、里親委託措置、あるいはその解除に付随して成立、あるいは解消し、委託中には、児童に対する措置の手段であることによる制約を受ける」契約関係であると考えられるという。このことから、「里親委託措置あるいはその解除につき、違法・不当の問題が生じない限り、原則として、Ｙと里親との委託関係の成立あるいは解消についても違法・不当の問題は生じない」とする。

　委託措置と委託契約関係から生じる里親と里子との関係については、「親子関係に類似するものであることから、里親、あるいは里子がそれぞれその地位において受ける利益があり、それが法的保護に値すると解される場合があることも考えられるが、そのような場合であるかどうかについては、里親・里子の関係が里親委託の趣旨及び里親制度の趣旨等による制約を受けるものであることを前提にした検討が必要である」というにとどまる。

　Ｙ・児相には、里親に対する相談体制を整備し、適切な支援、必要な調査を行い、調査に基づく情報提供、助言、指導を行うことが求められる。これら調査等の内容・程度は、里親支援として合理的なものでなければならないが、その判断はＹ・児相の合理的な裁量に委ねられ、この合理的な裁量判断を逸脱または濫用したときに限り、当該支援や措置等が違法となるとする。そして、本件ではいずれの点でもＹ・児相は合理的な裁量を逸脱しておらず、その濫用も認められないので、措置解除は違法ではなく、委託解消時の「Ｘらの里親としての地位について、その解消を覆さなければならないほどの法的保護に値する利益があったということもできず、憲法違反とのＸの主張も採用できない」と判示した。

　[4]　横浜地裁 2019（平成 31）年 3 月 13 日判決（平成 29 年（行ウ）第 38 号、措置委託解除処分取消等請求事件）[21]

　［事件の概要］

　X1 と X2 は、S 市長（Y1）により児福法 6 条 2 項規定の養育里親として登録された。児相（Y2）は、平成 24 年 11 月 1 日付けで A（平成 23 年 8 月 22 日生まれの女児）を、また、平成 28 年 4 月 25 日付けで B（平成 26 年 12 月 21 日生まれの男児）を X らに里親委託した。B は、平成 28 年 5 月 16 日、X らの自宅で意識を消失する出来事に遭遇して C 大学病院に救急搬送された。同日、Y2 は B を C 病院に一時保護委託決定をした。C 病院は、5 月 17 日、Y2 について、虐待の疑いがあるとして通告した。Y2 は、同日付けで X らへの B の里親委託措置を停止した。その後、B の母（親権者）が里親委託への同意を撤回したため、Y2 は 5 月 24 日付けで里親委託措置を解除した。また、Y2 は、5 月 18 日、A を一時保護し、翌 19 日に A の里親委託措置を停止した。

　この後、X らは、Y（相模原市）を被告として、A に対する一時保護処分および B についての里親委託措置解除処分の取消しを求める訴えを横浜地裁に提起したが却下された（平成 29 年 3 月 22 日）。X らは控訴したが控訴棄却、その後上告及び上告受理申立てをしたが、上告棄却及び上告不受理決定が下された。

　Y2 は、平成 29 年 4 月 28 日付けで、A についての里親委託措置を解除した。また、Y2 は A の一時保護を解除し、児童施設入所措置をとった。B は、平成 30 年 3 月 28 日、急性硬膜下血腫による心肺停止後症候群になり、低酸素性虚血性脳症によって死亡した。

　21）　判例地方自治 462 号 70 頁、TKC 法律情報データベース　LEX/DB インターネット［文献番号］25566657。本件についての判例解説としては、嵩さやか「里親委託措置解除の取消しを求める里親の原告適格——里親委託措置解除処分取消等事件」ジュリスト 1561 号、2021 年、118 頁。

　以上の経過を経て、平成 29 年 7 月 5 日、X らは Y らに対し、本件措置解除処分の取消し等を求める訴えを提起した。

　［判決］

　1　本件各訴えのうち、X らが Y2 において平成 29 年 4 月 30 日付けでした A に関する委託措置解除に係る処分の取消を求める部分を却下[22]。

　2　X らのその余の請求を棄却。

　児童虐待が存在するかどうかが端緒となっている本件では、児相による一時保護の適正さと里親委託措置の停止および解除に関連して里親の法的地位（里親は固有の権利を持つのか）が中心的な問題点として提起されている。

　(1)　里親の原告適格の有無（行政事件訴訟法 9 条 1 項、2 項）

　A に関する里親委託措置解除の取消を X らが争うことができるかどうか（原告適格の有無）を、里親委託措置の構造を分析することにより示している。児福法 27 条 1 項 3 号の里親委託措置は、児童の親権者または未成年後見人がいる場合でも、その意に反しない限り（同条 4 項）、児相長が一方的に行うもので、里親委託措置によって、親権者等の権利は制約を受けることになる。そこで、親権者等に対する関係では、里親委託措置および解除措置は、児相長が一方的に親権者等の権利義務または法的地位に直接・具体的に影響を与える行為で、親権者等を名宛人とする取消訴訟の対象になる行政処分だと位置づける。これに対して、里親委託措置は、児童の養育を地方公共団体が里親に委託し、里親がこれを受託することによって生じる法律関係で、地方公共団体と里親との間の一種の準委任契約関係の性質を有する公法上の法律関係だとする。このように、判決は、里親委託措置を親権者等との関係（措置＝行政処分）と里親との関係（準委任契約に類する公法上の法律関係）の 2 つの要素から成り立つと構成する。したがって、本件 A の措置解除は、

---

　22)　A に対する委託措置解除の日付けが、判決主文と事実の経過で異なっているが、そのまま記載している。

Ｘらを名宛人とする行政処分ではないので、Ｘらは取消を求める法律上の利益を有する者ではなく、原告適格を有しない（行政事件訴訟法９条１項）。また、里親は、行訴法９条２項のいわゆる準名宛人に該当せず、同項に基づいて処分の取消しを求める法律上の利益を有する者であるとも認められないとした。

その理由として、児相長が、里親委託措置解除にあたって「里親の事情を考慮すべき事情を定めた法及び関係法令の規定は見当たらない」とする。そして「監護、教育及び懲戒に関し、その児童等の福祉のため必要な措置」をとることができるとする児福法47条３項について、里親は、要保護「児童の健全な育成と福祉を図るために、個人的な立場ではなく、公的な立場においてその養育を行うことが期待されているもの」なので、「委託された児童の福祉を実現するための手段として里親に一定の権限を付与した規定にすぎず、里親固有の個人の権利利益として当該権限を付与したもの」ではないとした。

(2) 国際条約及び憲法との抵触等

Ｘらは、市民的及び政治的権利に関する国際規約23条及び憲法13条を根拠とした、里親の里子とともに家族として生活する利益を主張するが、これら規定が、里親に対して、里子と家族として生活する利益を具体的に保障していると解することは困難だとする。また、児福法50条７号による措置費の受給権も里親委託措置解除により侵害されるとするが、これは、里親委託措置によって直接発生する法律効果ではないとした。

(3) 不法行為法上の里親の地位

里親委託措置は、地方公共団体と里親との間の準委任契約関係の性質をもつ公法上の法律関係であることから、里親が里子を養育監護することは、里親が果たすべき義務であると同時に、里親の債権的な利益でもあって、この利益は不法行為法上法的保護に値する利益であるとする。したがって、正当な理由なく委託措置が解除されたこと等により里親里子関係が解消させられ、損害を受けたときには、「違法な債権侵害行為の一種」として、「里親で

ある養育家庭に対する関係において、地方公共団体に国家賠償法1条1項の不法行為責任が生じる余地がある」とする。ただし、児童の委託に関する措置等は、原則として児相長の専門的判断に基づく合理的裁量に委ねられているので、国賠法1条1項の適用上違法の評価を受けるのは、児相長の解除措置が、里子の福祉という観点から著しく不合理であるとか、委ねられた裁量権の範囲を逸脱又は濫用した場合等に限られるという。

[5]　東京地裁 2019（令和1）年 11 月 7 日判決（平成 30 年（行ウ）第 69 号、裁決取消等請求事件）[23]

[事件の概要]

　平成 20 年 8 月 1 日付けで本件児童 A は、乳児院入所措置され、平成 22 年 4 月 7 日付で本件原告 X1、X2 夫婦に里親委託された（X らの児童受託書交付は同月 10 日付け）。その後 3 回、里親委託措置は、措置期間を 2 年間として更新された。平成 28 年 12 月 3 日午前 1 時頃、X2 は、高さ 8 メートルの橋から川に飛び込み、救急搬送されて入院した。この入院を受けて、児相（Y2）は、平成 28 年 12 月 8 日付けで、調査のため A を一時保護することを決定し、A の里親委託措置の停止処分を行った。X らの養育里親名簿への登録期間は、平成 29 年 1 月 18 日に満了予定だったが、都知事は、X らからの養育里親名簿への登録辞退の届出を受けて、同日から平成 31 年 1 月 18 日を期間として、X らの養育里親名簿の登録を取消し、都福祉保健局少子社会対策部長名の平成 29 年 1 月 26 日付け書面で X らに通知した。Y2 は、平成 29 年 2 月 15 日付けで、A の里親委託措置解除処分を行った。また、Y2 は同日付けで「児福法第 27 条第 1 項第 3 号の規定による措置を解除したので通知します」との記載がある措置解除通知書を送付し、X らに対する A の委託を解除した。同日、Y2 は、A の親権者に対しては、「児福法第 27 条第 1 項

---

23)　判例タイムズ 1487 号 196 頁、裁判所ウェブサイト。

第3号の規定による措置を解除したので通知します」と記載され、不服申立ての教示についても記載された措置解除決定通知書を送付した（傍点著者）。

Xらは、平成29年3月9日、本件措置解除通知書の写しを審査請求書に添付して、Y2が行った、Xらに対する里親委託措置を解除する処分の審査請求を都知事に対して行った。都知事Y1は、本件通知書に係る通知は、里親委託措置解除処分をした旨を「Xらに通知するものにすぎず、Xらの権利義務に直接具体的な効果を及ぼすものとは認められないから、本件審査請求は不服申立ての対象とすることのできない事項を対象とするものであり」、不適法であるとして却下した。

Xらは、①Y2が平成29年2月15日付けで行った、Aの里親委託措置の解除処分及びXらに対する里親委託の解除処分の取消し、②Y1が平成29年8月21日付けで行った、Xらに対する里親委託措置解除処分に係る審査請求を却下した裁決の取消しを求めた。

［判決］各訴え却下。
⑴ Xらは、里親委託措置解除処分の取消しの訴えの原告適格をもつのか。

処分取消しの訴えは、処分の名宛人に限らず、「当該処分により自己の権利若しくは法律上保護された利益を侵害され又は必然的に侵害されるおそれのある者」（法律上の利益を有する者）が提起できるが、里親はこの者に該当しないとする。すなわち、里親委託措置は、親権者又は未成年後見人の権利を制限するものであって、この措置の解除処分は、右の制限を解除するものであって、里親の権利又は利益に制限を課すものではない。児童の委託を受けた里親と知事等との関係は、個別の里親に対する児童の委託の申し込みと里親によるその承諾という契約締結行為によって生じる、「民法上の準委任に準じた公法上の契約関係」といえ、里親委託措置自体によって、個別の里親との関係で法的効果が生じたり、委託関係が成立するものではない。そこで、里親委託措置解除は、親権者又は未成年後見人に対する権利制限を解除するにすぎず、個別の里親と知事等との法律関係を消滅させるには、委託措

置解除処分のほかに、契約関係解除の意思表示が必要になるのであって、本件でも Y2 はそのようにしている。結局、里親委託措置解除処分自体の法的効果として、里親としての地位が失われるわけではないので、里親は委託解除処分により自己の権利又は法律上保護された利益の制限を受ける者に当たるということもできないとする。里親が里子との間で築いた愛着関係を断ち切られるという不利益が生じるとしても、［公法上の契約としての］里親委託解除に伴って生じるもので、里親委託措置解除処分の法的効果によるものではないから、里親の原告適格を基礎付けることはできないとする（［　］内は、著者の補充）。

　(2)　本件委託解除の処分性の有無について

　抗告訴訟の対象となる処分は、公権力の主体たる国又は公共団体が行う行為のうち、その行為によって、直接国民の権利義務を形成し又はその範囲を確定することが法律上認められているものをいう。(1)で記したように、児福法 27 条 1 項 3 号の里親委託措置と「民法上の準委任に類似した公法上の契約関係」として知事等が個別の里親に児童を委託する行為は、法的には別個の行為なので、公権力の行使によって里親としての地位を付与するものではない。里親委託解除の場合も、公権力の行使により里親としての地位を喪失させるものとはいえないので、本件委託解除は抗告訴訟の対象となる処分に当たらず、その取消しを求める訴えは不適法であるとする。

　(3)　Y1 による裁決を取消すことを求める訴えにつき、訴えの利益がある
　　　か否かについて

　X らは、(1)の通り、本件委託措置解除処分に対する審査請求の申立適格を欠く。また、X らに対する委託解除は、審査請求の対象となる「処分」に当たらない（公法上の契約なので、「処分」に含まれない・著者注）ので、委託解除に関する審査請求は不適法だとする。そうすると Y1 による採決を取り消したとしても裁決行政庁（Y1）は、改めて審査請求を不適法として却下するほかないので、X らは、本件裁決の取消しを求める利益は存在しない。

　以上のことから、X らの各訴えは不適法なので、Y らの裁量権の逸脱また

は濫用、および本件裁決の違法性については判断を要しない。

　[6]　東京高裁 2021（令和 3）年 1 月 20 日判決（令和元年（行コ）第 310 号
裁決取消等請求控訴事件（原審・東京地裁 2019（平成 30）年（行ウ）第 69 号）[24]

　［事件の概要］
　[5]　事件の控訴審判決である。
　原審は、里親委託措置は、親権者（親権者がいないときは未成年後見人）の権
利を制限するものであり、措置解除処分は、この制限を解除するものであるか
ら、これら行政処分は里親の権利・利益を制限するものではないので、里親の原告適格を否定していた。

　これに対して控訴審で、X らは、以下の補充申立てを行った。
　(1)　里親の原告適格について
　児福法 27 条 1 項 3 号の里親委託措置と里親候補者の決定は、表裏一体の
もので、措置時には里親候補者が特定されていなくてはならないものだとす
る。原審が、里親委託措置・委託解除と個別の特定された里親への児童の委
託・委託解除を分けて考えているのは不当だとする。里親への委託は、知事
等の里親委託措置に基づくものだとし、原審が、知事等と里親との関係を民
法上の準委任契約に準じる公法上の契約関係としているのは実務の現状にそ
ぐわないとし、「里親の法的地位は、知事等の一方的行政行為に基づくも
の」だとする。このように法律構成することにより、里親委託解除処分を争
う原告適格を里親ももつというのである。

　また、原告適格を定める行政事件手続法 9 条 2 項後段が、「当該法令と目
的を共通する関係法令があるときはその趣旨及び目的を参酌するものと」す
るとしているところから、児福法 1 条、2 条 1 項を通じて児童の権利条約、
里親委託ガイドラインおよび国連「児童の代替的養護に関する指針」を根拠

---

　24)　裁判所ウェブサイト、TKC 法律情報データベース　Lex/DB インターネット
　　　［文献番号］25572710。

にして、里子の継続性のニーズを尊重する必要性を指摘して、児童の権利条約3条2項、5条を根拠に、児福法上の里親は「法定保護者又は児童について法的責任を有する者」であるとする。それゆえ、里親は、児福法47条3項、4項により、親権者からも不当に妨げられない児童の監護に関する法的権限を付与されており、里親は、里親委託措置解除処分の取消しを求める法律上の利益を有する者に該当するという。

(2)　里親委託解除の処分性について

里親委託は、民法上の準委任に準じた公法上の契約関係ではないと主張する。この法律構成は、里親への委託の打診段階の問題と委託措置段階の問題を混同しているという。そもそも準委任に準じた公法上の契約であるとするのであれば、児福法上、里親側から解除可能とする規定が存在していないのはおかしなことであって、「里親の法的地位は、知事等の一方的行政行為に基づくものである」とする。

［判決］控訴棄却。

基本的な趣旨は、原審と同様である。

すなわち、「知事等と児童を受託した里親との関係は、民法上の準委任に準じた公法上の契約関係とみるのが相当」であるとし、里親側からの解除に関する規定をもって左記のような契約関係であるとすることが直ちに妨げられるものとはいえないという。

したがって、里親委託措置解除処分は、親権者等の権利に加えられた制限を解除する法的効果を解除する法的効果をもつのであって、里親の権利あるいは利益に制限を課すものではなく、委託処分とは別に知事等と締結された法律関係が解除されることにより里親でなくなるという。

なお、本件は上告されたが、棄却された（判例集未登載）。

2 （元）里親が親権者に対して提訴する類型

[1] 山形家裁 2000（平成 12）年 3 月 10 日審判（平 11（家）212 号、平 12（家）64 号)[25]

[事件の概要]

本件児童Aは、平成 5 年 9 月 20 日にY（本件抗告人）の子として出生した。Yと重婚的内縁関係にあるAの父はAを認知していない。Yは、出産当時、生活状況が不安定だったため、児相と協議し、Aは乳児院に措置された。平成 7 年 4 月 5 日にYは、児相に里親委託承諾書を提出した。児相は養子縁組についてもYの承諾を求めていたが、平成 8 年 1 月頃からYと連絡がとれなくなった。Yは協力的でないが、里親委託や養子縁組に必ずしも否定的でなかったので、児相は、同年 8 月 5 日にAをXらに特別養子縁組を前提にして里親委託した。同年 9 月 24 日、婦人相談所に保護されたYは、Aの里親委託のことを聞くと、引き取りを申し出たが、その後うまく連絡がとれなくなった。Xらは特別養子縁組の申立てを希望したが、児相はAとの調整ができないので手続きを進めなかった。平成 11 年 4 月頃から、YからのAの引取り要求が強く出されるようになり、生活も安定したようなので、児相はAの里親委託を解除することにした。ところが、XらはAの

---

25) 家裁月報 54 巻 5 号 139 ページ。本件〔1〕及び本件の抗告審〔2〕に関する判例評釈としては、田中通裕「判例評釈〔4〕家族　第三者からの子の監護者の指定申立てが却下された事例（民法判例レビュー 78）」判例タイムズ 1099 号、85 頁、二宮周平「父母以外の者を子の監護者に指定することの可否（関西家事事件研究会報告 17）」判例タイムズ 1119 号、106 頁、山田美枝子「第三者からの子の監護者の指定申立てを却下した事例（仙台高決平成 12.6.22 決定）」民商法雑誌 128 巻 4・5 号、243 頁。本件についての事例分析として、西村英一郎・大田口広「山形里親事件の概要とその問題点——特別養子法と里親制度のよりよい運営に向けて——」親しい家族　養子と里親制度の研究 43 号、2003 年、2 頁、西村英一郎「具体的事案における里親と親権者」家族〈社会と法〉22 号、2006 年、39 頁。

監護を継続する希望を示したので、AのYへの引渡しという方向での調整は困難になった。児相は、Xらへの里親委託を解除し、引取り調整のためAを一時保護し、一時保護先としてXらにAを委託した（児相は、本件でXとYのいずれが監護者とされるのかが決まるまで、従前の状態を維持した）。

　Xらは、Yから直接Aの引取りの要望を伝えられたので、平成11年6月15日、Aの監護者を民法766条[26]に基づき、Xらに指定することを求めるとともに子の連れ去り禁止の仮処分を申し立てた（第1事件）。Yは、同年11月16日、Aの引渡しを求める申し立てをした（第2事件）。

　［審判］
1　Aの監護者をXらと定める（著者注：第1事件について）。
2　Yの第2事件申立てを却下。

（1）　第1事件について

　第三者たるXらに民法766条の監護者指定審判の申立権があるかが問題になる。同条が親の離婚に当たり、親権者とは別に監護者を指定することを認めた趣旨は、離婚によって未成年者の監護状態にも大きな変動があるため、子の福祉に鑑み、親権関係と監護関係との分離が必要な場合には、監護者の指定を可能とすることができる点にある。本件も約3年7カ月続いたXらの下での監護状態が引渡しにより大きく変わる可能性がある状況は、子の

---

26)　本件当時の民法766条の文言は以下の通りである。
　　766条
　　①　父母が協議上の離婚をするときは、子の監護をすべき者その他監護について
　　　必要な事項は、その協議でこれを定める。協議が調わないとき、又は協議を
　　　することができないときは、家庭裁判所が、これを定める。
　　②　子の利益のため必要があると認めるときは、家庭裁判所は、子の監護をすべ
　　　き者を変更し、その他監護について相当な処分を命ずることができる。
　　③　前二項の規定は、監護の範囲外では、父母の権利義務に変更を生ずることが
　　　ない。

立場からすると同様の状況にあるので、民法 766 条を類推して、子の監護に
関する処分（（旧）家事審判法 9 条 1 項乙類 4 号）として事実上の監護者たる X
らに申立権を認め、家裁の審判事項として審理できるという。以上を前提に
して、さらに次のように言う。監護権は、親権の本質的要素であるから、原
則として親権者から第三者に対して未成年者の引渡し請求がなされた場合に
は、これを認めるべきである。しかし、例外的に未成年者の引渡しを認める
ことが未成年者の福祉に明らかに反する特段の事情がある場合は、未成年者
の引渡しを拒絶し、未成年者を事実上監護する第三者を監護者として指定で
きるとする。本件の事情を考慮すると、A が X らにより監護されている状
態を変化させることは、A の福祉の観点から是認できないので、上記特段の
事情に該当し、X らを監護者として指定できると解すべきとした。

(2)　第 2 事件について

　一時保護中の児童については、行政処分としての一時保護の効力により、
親権者の監護権の行使が制限されている。そこで、一時保護委託を受けて児
童を監護している者（著者注：X らのこと）に対して、引渡しを命じるか否か
の判断をすることは、行政処分の効力を家裁の審判で争うことになるので、
家裁の審判権の範囲を超える不適法なものだとする。

　[2]　仙台高裁 2000（平成 12）年 6 月 22 日決定（平成 12（ラ）60 号、子の監
護者の指定申立ての審判及び子の引渡し申立ての却下審判に対する即時抗告事件、一
部却下・一部棄却)[27]

[事件の概要]
　[1]　事件の抗告審である。事件の概要は 2 [1] 参照。

---

27)　家裁月報 54 巻 5 号 125 ページ。

［決定］

1　第1事件（山形家庭裁判所平成11年（家）第212号）について

原審判の主文第1項（筆者注・Aの監護者をXらと定める）を取り消す。

相手方（X）らの本件申立てを却下する。

申立費用及び抗告費用はXらの負担とする。

2　第2事件（山形家庭裁判所平成12年（家）第64号）について

本件抗告を棄却する。

抗告費用は抗告人の負担とする。

(1)　第1事件について

民法766条をその文言通りに形式主義的に解釈した。

　民法766条1項は、父母が協議上の離婚をするときは、その協議により子の監護者を定めるとしており、協議が調わないとき又は協議をすることができないときは家庭がこれを定めるとしている。家裁に対して子の監護者指定の審判を申立てることができるのは、協議の当事者である父または母である。父母の協議が調わないときまたは協議をすることができないときは、家裁は、父母に代わって子の監護者を定めるのである。

　本件では、抗告人はAの母で、親権者であり、Aの父と婚姻せずにAを出産し、父はAを認知していない。この場合、家裁が親権者と別に子の監護者を定めることができるとする規定は民法上存在しない。第三者である相手方らにその指定の申立権はない。原審は、民法766条の趣旨を類推し、事実上の監護者である相手方らに子の監護者指定の申立権を認め、家裁の審判事項とすることができるとするが、家裁が子の監護者を定めることができるのは上記の通りなので、本件について、民法766条を類推適用する基礎を欠いている。本件では、抗告人・実母の有する親権から監護権を分離することはできないというべきなので、相手からの本件申立ては不適法で、却下を免れない。本件抗告は理由がある。

　なお、傍論で、保護者に児童を監護させることが著しくその福祉を害する

ときには、都道府県は、児福法 28 条の措置を採るべきであり、民法 834 条の要件があるときには、親権喪失の宣告の申立てがされるべきだという。

(2)　第 2 事件について

原審と同旨。すなわち、一時保護中の児童について、家裁が一時保護委託を受けて児童を監護している者に対して引渡しを命ずるか否かの判断を行うことは、行政処分の効力を家裁で争うことになるので、家裁の審判権の範囲を超えるとする。したがって、実母からの一時保護委託を受けている者に対する子の引渡し申し立てについては却下する。

3　裁判例の検討

裁判例の検討にあたって、民法（親権法）の視点から里親制度を見ると浮かび上がってくる、いくつかの疑義を示しておきたい。ここで挙げる疑問点は、直接判例に関わるものと判例には直接関わるものではないが、理論的な問題として制度構成の前提として浮かび上がってくるものとがある。

①　里親委託は行政法上の措置である。親権者等の同意を得て措置された里子の措置解除のとき、里親は、措置解除を一切拒絶できないのだろうか。短期の里親委託の場合はともかく、委託が長期に及び、里子にとっては里親家庭が自身にとっての安定的な家庭と捉えられて、里親や里親家庭を取り巻く環境（学校、友人等）との間にしっかりした結び付きができているときにも、里親には措置解除による引取り拒絶権はないのだろうか。里親委託は、養子縁組と異なり、民法上の身分関係も発生させないし、実親がいるのでゆくゆくは実親の下に児童を返すことを目指す制度であるといっても、里子の福祉のための一時的な引取り拒否権（措置解除拒否権）は、認められないのだろうか。

②　児福法 28 条審判を得ての里親委託措置の性格はどういうものなのだろうか。これは、委託措置に同意しない実親の親権制限（親権の一時、一部停止あるいは親権喪失）なのだろうか。家裁は都道府県の行う行政上の措置の適

否を判断しているとしても、実質的には、少なくとも親権者の居所指定権は制限している。

　③　児福法 47 条 3 項は、監護、教育及び懲戒という民法の親権と重複する内容について、民法・親権法上の位置づけはどうなるのだろうか。親権という一身専属的な身分権が、行政法規によって第三者である里親に委譲された、もしくは一時的行使が認められたということなのだろうか。里親は何の権限をもって日常的に子の監護を行っているのかということについて、法的裏づけを与えておく必要があることは認められるが、それが、このような形、あたかもみなし規定のようにして、しかも行政法規として規定されていれば問題ないということでいいのだろうか。

　また、これから行う検討は、里親には何らかの権利があるのかという問題意識に基づくものであるが、それとは全く異なる観点からの指摘を一点行っておきたい。里親制度は、長期委託になることを委託の時から見込んでいる事例もあるし、また結果として長期委託になる事例もある。しかし、実親が親権者として存在することが多い養育里親では、いずれは実親家庭に子どもを復帰させることが目指されている。各事例を見ていて感じられるのは、それぞれ、子を実親の下に復帰させることが目指されていたのかどうかがよくわからなかったということである。さらに、裁判所が認定している事実関係によると、1 の里親が児相・児相設置自治体を提訴する類型では事例 [5] を除くと、問題の端緒は委託されている里子が里親家庭から出たいという意思の表明であったという点である。具体的な訴訟の場では、個別具体的な証拠や証言が提出されて、その上で認定された事実関係に基づいて判断が示されるのに対して、判例研究の対象として判例を見るときには、裁判所が認定した事実を元に法的解決を考えていくので、なんとも言えないところがあるが、子が里親家庭を出たいという意思表示を示していれば、児相としては委託停止または解除の方向を向きがちになるのではないかということのみ指摘しておく。

表 1 里親委託解除措置を争った裁判の論点整理表

事例番号	里親の法的地位	法的構造	国家賠償請求
[1]	里親が、委託に基づき里子となる児童を養育監護することは、里親が養育家庭ではたすべき義務であると同時に里親という地位を享有できる利益であり、この利益も法的保護に値する。		可能。児相の指導・措置が児童の福祉の観点から見て著しく不合理で、裁量判断の範囲を逸脱したときに限られる。
[2]			一時保護決定・里親委託措置解除決定は、児相長の合理的な裁量に委ねられ、その判断が著しく不合理で、裁量の逸脱または濫用の場合にのみ違法。
[3]		適切な社会的養育を委任事項とする、委任に類似する契約。この契約は、里親委託措置、あるいは措置解除に付随して成立または解消し、委託中は措置の手段であることによる制約を受ける。	措置権限をもつ児相長の裁量に委ねられており、その判断が著しく不合理で、裁量の逸脱または濫用のとき違法。
[4]	国際条約、憲法は根拠にならない。	二重構造 ・親権者・後見人との関係では、児相長による一方的な委託措置、委託解除措置は、親権者等の権利義務・法的地位に影響を及ぼす行政処分で、取消訴訟の対象になる。 ・里親との関係は地方公共団体と里親との一	里親委託措置は、地方公共団体と里親との間の準委任契約関係の性質をもつ公法上の法律関係なので、里親による里子の養育監護は、里親が果たすべき義務であると同時に、里親の債権的な利益。この利益は不法行為法上法的保護に値する利益で

| | | 種の準委任契約に類する公法上の法律関係で、取消訴訟の対象ではない（里親は原告適格をもたない）。 | 不法行為責任が生じる余地がある。ただし、児相長の措置は、児相長の専門的判断に基づく合理的裁量に委ねられているので、不法行為責任が生じるのは、児相長の解除措置が、里子の福祉の観点から著しく不合理、裁量権の範囲の逸脱又は濫用の場合等に限られる。 |
| [5] [6] | | [4] と同様の二重構造論 | |

Ⅰ．里親が児相・児相設置自治体を提訴する裁判類型

①　里親の法的利益

　表1は、本章で扱った裁判例のうち、1の「里親が児相・児相設置自治体を提訴する類型」を、論点ごとに整理したものである。里親の法的利益に言及したのは、事例 [1] のみである。他の事例では、里親の固有の法的地位を認めないか、言及していないなか、事例 [1] だけが、里親に児童を養育監護する地位を享有する利益を認めている。ただし、その法的根拠を明示してまではいない。また、事例 [4] では、里親側が国際条約や憲法13条を法的根拠として挙げているが、根拠なしとして退けられている。事例 [1] で、里親である地位を享有できる利益も認めているが、児相側が適切な指導助言を行わなかったり、理由なく委託措置が取り消されたり、変更されたりしたときに不法行為責任が生じるのだとする。そして、これら指導等は専門的判断に基づく児相側の合理的判断に委ねられるので、それが国賠法1条1項の適用上違法とされるのは、里子の福祉の観点から著しく不合理で、児相側の裁量判断の範囲を逸脱した場合に限定されるという。結局、この観点は、国家賠償を求めている事例 [1] 〜 [4] すべてに共通する判断基準であ

り、里親の法的利益というのがどの場面で考慮されるのか不明である。児相長の措置解除の判断がどういうときに、里子の福祉の観点から著しく不合理で、裁量の逸脱、または濫用になるのかを判断するための具体的な要素や基準が示されていないので、ただ言ってみただけという程度のものと評することもできる。

② 里親委託の法的構造

日本の児福法では、措置制度の中に里親委託が組み込まれているため、里親委託の法的性質を考えるときに、単純な契約構成で説明することができなくなっているというのがここでの問題である。事例［3］では、委任類似の契約としながら、委託中は措置の手段であることによる制約を受けるとして曖昧である。これに対して事例［4］～［6］では、里親委託の構造を二段あるいは二重の構造として構成する。児福法27条1項3号の里親委託措置および委託解除措置は、子の親権者または後見人に対してなされるものであり、里親とは関係ない措置だというのである。里親との関係は、準委任契約（いつでもどちらの当事者からでも解約できる）類似の公法上の契約なので、里親は、里親委託解除措置についての原告適格をもたないという。

③ 児福法47条3項の意義

表1の項目には挙げていないが、事例［4］で、判決は、児福法47条3項について次のように指摘している。すなわち、里親は、「要保護児童の健全な育成と福祉を図るために、個人的な立場ではなく、公的な立場においてその養育を行うことが期待されているもの」なので、「委託された児童の福祉を実現するための手段として里親に一定の権限を付与した規定にすぎず、里親固有の個人の権利利益として当該権限を付与したもの」ではないと。理論的に正しい評価である。児福法47条3項にたとえ文言は民法の親権規定と同じもので盛り込んだとしても、親権者の権限に何らかの影響を与えるものとはいえない。身分権としての親権は、親権法規定に基づく司法判断（親権法に規定がないときは、里親の権限を明記する親権法規定の改正を要する）によってのみ親権の内容に変更を加えることができるのであって、行政法規に親権

規定類似の文言を規定しても、親権本体に影響を及ぼさない。つまり、これをもって親権者に対抗できるわけではない。

Ⅱ．（元）里親が親権者に対して提訴する類型

　この類型の事例は、措置主義をとる児福法上の里親委託では極めてまれである。取り上げたケースも、いわば児相が、里親委託解除の取扱いやタイミングを逸したこと、里親も一度は委託解除に応じようとしたが、里子児童の反応を見て今は実親の下に返すことはできないと判断するに至ったという事情がある。その結果、児相や児相設置自治体ではなく、元里親が民法766条の監護者指定の審判を求めたものである。原審と二審で判断が分かれたが、最高裁が民法766条の解釈を限定的に解釈する（父母の離婚のときにしか利用できない）判断を示した現在では、現行法上利用できないことになる[28]。

　学説のなかには、児福法27条3項の里親委託の法律構成で、民法766条を類推適用するという提案も複数存在したが、上記最高裁判例により、その主張がしづらくなったといえる[29]。

　裁判になって判例集に公表された事例は、公表されている限りで知ることができ、分析・検討することができるが、裁判にならない事例については知る手立てがない。そんな中、里親委託の措置解除について当事者の立場から

---

[28]　最決令和3（2021）年3月30日（令和2（許）4）（面会交流事例）　裁判所時報1765号4頁、最高裁判所裁判集民事265号113頁、判例タイムズ1500号84頁、判例時報2535号29頁、父母以外の第三者による面会交流申立て（否定）。同（令和2（許）14）（監護権事例）　民集75巻3号952頁、裁時1765号3頁、判例タイムズ1500号80頁。判例時報2535号35頁、父母以外の第三者による監護者指定申立て（否定）。

[29]　学説については紙幅の関係上、本稿で詳しく紹介することができない。従来の学説を手際よくまとめているものとして、鈴木隆史「里親制度の改革と法的対応について」石川稔・中川淳・米倉明編『家族法改正への道』日本加除出版、1993年、403頁、ならびに、髙橋由紀子「里親による子の監護と親権――法的・福祉的課題」家族〈社会と法〉22号、2009年、72頁。

書かれて公表された報告・手記がある。長くなるが、資料として参考に供しておく。

―――――― **資料　あたらしいふれあい 547 号 2021 年 7 月 20 日発行**[30] ――――――

　　後悔（上）

　　3 歳のヤス君は体が小さく、発達は少しゆっくりだと診断されていたが、施設ではいつも機嫌良く、泣いたり騒いだりすることはなかった。食への意欲があまりないため、食事時間が長くなるものの、それ以外には手がかからず、大好きなプラレールがあればいつまでも一人で遊んでいた。

　　ヤス君と出会いがあった里父母は施設実習や引き取りも順調に進み、家庭での生活が始まった。基本的には施設での生活と同じく穏やかに生活していたが、食事の時は相当苦労していた。施設でも「何が好きかよくわからない」と言われており、里母は試行錯誤するしかなかった。偏食がひどく、今日食べたものも次の日には食べないことも多かった。カロリーなどの摂取ができる飲料を処方されていたため、最低限の栄養は取れるのだが、固形物を食べないと便通が悪くなる。施設ではそれなりに食べており、排便もあったのだが、引き取られてから便秘がちになってしまった。関係機関は「食べなくても栄養は取れているから大丈夫」と伝えていたが、里母は自信が持てず、家に連れてきたことが本当に良かったことなのかと悩む日もあった。

　　一方、食事以外の面では時間が経つにつれて変化が見られた。里母と離れることを嫌がり、少しでも意見が通らないと泣くようになった。新幹線が走る動画を延々と見続けたり、里父が帰宅したらテンションが上がり、深夜まで起きていたりしていた。自宅では踊ったり歌ったりと、施設にいたころのヤス君とは違う、豊かな表情を見せるようになっていた。里父母は大変だと感じることも多かったが、子どもらしい表情になって試し行動を出せることを喜んでいた。公園に行って他の子を見た時にも、誰よりもヤス君がかわいいと思っていたそうである。JB クラブに来た時には里母の後を追い、訪問に行った時にも甘える様子が見られ、順調に関係が作られている様子が見られていた。

――――――――――――――
30）　公益社団法人家庭養護促進協会大阪事務所発行。

　三度の食事の度に悩まされていた里母は煮詰まるときもあり、引き取って3か月ごろから、障害児が使えるデイサービスを時々利用していた。ヤス君は楽しく通うことができ、里母もヤス君が少し離れることで息抜きになっているようだった。里母は「まじめで抱え込むタイプ」だという自覚があったため、里親仲間としんどさを共有したり、時々訪問に来る里親支援専門相談員や児相職員にもできるだけ悩みを相談し、抱え込まないようにしていた。

　そういう時に、コロナ禍に突入した。せっかく使えていたデイサービスの中断や入園予定だった幼稚園の入園延期が決まった。里母は睡眠不足が続き、体力が回復しないこともあり、徐々に追いつめられていった。里父も「しんどい」と言う里母を心配しながらも、帰宅するとヤス君と里母は楽しく過ごしていたためそこまで深刻に捉えておらず、ヤス君とは休日にたっぷりと関わっていた。ヤス君が食事を食べない日が何日も続いたとき、里母は悲しくなり、「食べないんだったら、乳児院に帰った方がいいね」とぽろっとつぶやいた。するとヤス君は「帰らない」と言った。ヤス君はここで生きていこうとしているのにもかかわらず、言ってはいけない発言をしたことに里母はすぐに気づき、申し訳ない気持ちになった。里父にもこのことを伝えると「言ってはだめな言葉だ」と注意され、里母も相当反省し、それ以降は同様のことはなかった。ヤス君に変化はなくこれまで通りの生活を続けていた。

　里母の発言は、ようやく安心して里父母宅で生活できるようになってきたヤス君にとって、とても傷つくものである。本心でないとしても、存在を否定するような発言は大人としてしてはならない。このことは里母も十分わかっていたはずである。里母はヤス君のことを嫌いになったわけでも、施設に返したいと思ったわけでもなかった。それでも親としての責任を感じるからこそ、ヤス君に言ってしまうところまで思い詰められてしまったのだろう。

　里母はそのころに訪問した里親支援専門相談員に相変わらず食事を食べなくてしんどいこと、「乳児院に帰ったらいい」と言ってしまい、反省していることを正直に伝えた。その時には特に指摘されることはなかったが、相談員から児相職員に報告が入った際には、里母の発言がヤス君に対する心理的虐待として取り扱われることとなった。詳しく話を聞くために児相職員の訪問があった時には、何かを察したのかヤス君は固まり、夜に寝ないなど不安定になった。

　今後の子育てで里母が追いつめられたとき、さらに不適切な関わりをするのではないかと児相は懸念したのだろう。里父も「しんどい」と言う里母をフォローできていないと捉えられた。そのため、ヤス君の安全を保障するためには里父母宅に置いておけないという判断となった。里母とヤス君が自宅にいる時に児相職員が数名で訪問し、一時保護の方針となったことを伝えられた。里母は納得できず、もう同じようなことはしないこと、夫婦で改善策を考えており、なんとか親子関係を続けていきたいことなどを必死に訴えたが、聞き入れられることはなかった。児相職員がヤス君を連れていくこととなり、里母は泣きながら「絶対迎えに行くからね」と必死にヤス君に伝え、ヤス君も頷いていた。その時のヤス君は泣いて抵抗することはなく、諦めたような表情だったそうだ。（続く）

（中合）

── 資料　　あたらしいふれあい 548 号 2021 年 8 月 20 日発行 ──

後悔（下）

　3 歳のヤス君は里父母に出会い、半年後に里母の不適切な発言が問題視され、児相は一時保護をするという判断をした。里父が仕事から帰宅したらヤス君はいなくなっており、お別れすらできなかった。「ヤス君は里母より里父になついていて、別れさせるのは酷だから、帰ってくる前に」という児相の判断があった。ヤス君は大好きな里母と引き離され、里父とは会うこともなく、児相の職員に連れられて行った。

　里母の発言以前から、関係機関は父母宅へこまめに訪問していた。「困っていることはないですか？」と聞かれるたび、里母は「助けてほしい」という思いで子育てのしんどさを話していた。里父母はヤス君と楽しく過ごす時間の方が多かったのだが、それは共有できておらず、児相としては「支援しているのにしんどいままの里母」と捉えられていたようだ。里父は里母のしんどさを聞いていたものの、帰宅した時に機嫌良く過ごしている母子を見て「大丈夫だろう」と捉えていたのが間違いで、仕事を休んで里母の負担を減らすべきだったと反省した。里母は睡眠時間を削ってでも頑張り続け、その

結果追いつめられて「乳児院に帰ったらいい」と言ってしまい、ヤス君を傷つけたことを後悔した。同じことを起こさないためにどうしたら良いかを夫婦でよく考え、児相にも伝えた。

　児相は里父母と何度も話し合いを重ねる中で、里母が虐待をするような危険な状態ではなかったということは認めた。しかし、ヤス君の食に対する意欲が低いことや、発達の遅れという特性を考えたときに、専門家ではない養子里親に委託するのは困難であると結論を出した。里父母とヤス君が再び親子として生活することはできなくなった。そればかりか、養子里親への委託は難しいと判断され、ヤス君はこの先も自分だけの「パパとママ」を持つチャンスを失った。子どもの特性がリスクだと判断し、養子里親には委託しないという方針は、子どもにとって最善なのだろうか。もちろん、里父母宅に戻ったとしても、絶対にうまくいくという保障はない。それでも里父母は、一度はヤス君の人生を丸ごと引き受けていく覚悟をした人たちだ。我が子になるからこそ真剣に向き合っていたし、親子になろうと奮闘していた。ヤス君とまた一緒に生活できたなら、今回の反省や経験を生かそうとしたはずである。「（施設に）帰りたくない」と言ったのに、里父母と引き離されたヤス君の傷つきは、里母の発言とは比較できないほど大きいものではないだろうか。

　どれだけ子どもを待ち望んでいた夫婦でも、子育てが始まると想像以上の大変さがある。「かわいくない」「施設に返したい」と思うときがあって当然である。それでもなんとか続けることで変化があり、親子関係が作られていく。里母がしんどい気持ちを吐き出したのは、関係機関が受け止めてくれると期待してのことだろう。自分の発言でヤス君が保護されることがわかっていれば、里母は自分が言ったことを隠したはずである。こういう前例を作ることで、里親は自分たちがやってしまったことを正直に言うことができなくなり、その結果、さらに追いつめられ、不適切な関わりをエスカレートさせることになるかもしれない。「施設に返したいくらいしんどい」という思いを受け止めたうえで、続けるためにどうするかを里父母と考えるのが里親支援だと思う。支援する側がそういう姿勢を示すことで、里親は本音で話すことができ、信頼関係が作られていく。

　協会としての意見は何度も児相に伝えた。どの道を選んでもリスクがゼロになることはないのだから、養育里親ではなく、里父母宅に戻し、支援体制を整えていくことが最善だと考えていた。児相は協会の意見を聞く場を設け

てくれたが、里父母や協会がいくら訴えても再検討されることはなく、すでに決められていた方針は覆らなかった。何のための話し合いだったのだろうとむなしい気持ちにもなった。結局、里父母はヤス君にお別れをすることもなくそのまま委託解除となってしまった。協会がこまめに訪問に行っていれば、もっと早い段階で里父母と話ができていれば、児相と協議ができていれば、と後悔は尽きない。コロナ禍でなかったら親族の支援も受けられたし、園にも行けていたのに…ということすら思ってしまう。

　里父母はヤス君を傷つけてしまった後悔と罪悪感を持ち続けている。里母は自分を責め続けているが「私たちが辛いのは仕方がないことだけれど、ヤス君を傷つけてしまったこと、迎えに行くと言ったのに約束を守れなかったことが悔しくてたまらない。ヤス君はパパとママに嫌われて、棄てられたんじゃないかと思っているのではないかと思うと、それが一番辛い。大好きだよってもっと伝えておけば良かった。」と話していた。１年以上経った今でも、里母は毎日「ヤス君が幸せに暮らしていますように」と祈っているそうだ。それでも今、ヤス君がどこでどうやって過ごしているのか、里父母も協会も知らされることはない。
　ヤス君にとって、パパとママと過ごした半年間はどのような経験だったのだろうか。せめてあたたかい記憶になっていますように、と願うばかりである。同じことを繰り返さないため、里親の支援を丁寧にすることはもちろんだが、協会として児相とどのように信頼関係を結んでいったら良いのか、答えが出ないまま１年が過ぎた。

（中合）

資料　　あたらしいふれあい549号 2021年9月20日発行

「後悔」の反響

　7・8月号に掲載した「後悔（上・下）」について多くの反響をいただいた。委託解除になった１年前から知ってもらいたかったが、児相への批判に受け取られかねないとも思い、書きあぐねていた。原稿を書いてからも発表するのが良いのかどうかずっと迷っていたが、いろんなご意見をいただき、

協会としてもありがたく受け止めている。

　養子縁組前提で委託中の里親さん数人からは「児相に話したことで委託解除になったケースがあったと思うと怖くなり、相談するのをためらってしまう」という声があがった。そのように受け取られないように配慮したつもりだったが、表現が十分でなく不安にさせてしまって申し訳なく思っている。里親さんにとって、児相をはじめとする関係機関は日常的にやり取りをし、困ったときやしんどいときには頼るべき存在である。里親さんが安心して相談できるように、児相をはじめ関係機関がどのような意識を持って里親さんへの支援をしていくのかという問題提起として書いたものであり、里親さんに「児相に相談するな」と言いたかったのではない。また、里親さんがしんどい状況の時に協会だけが抱え込むつもりもない。今後もこれまで通り関係機関で情報共有しながら里親さんのサポートをしていきたいと思っている。

　障害者支援の仕事をしている方からは、障害を理由にヤス君が親を持つ可能性を失うのは、児童相談所による障害者差別ではないかという意見をいただいた。確かに障害など育てにくい理由があるからという子ども側の要因によって親を持てるかどうか判断されるべきではない。養育上の困難ゆえ虐待のリスクが高いと言われる障害児の委託に児相が慎重になるのはわかるが、養親を必要とする子どもには養親を探すことを最優先としてもらいたい。

　「施設に帰ったらいい」というような発言をしてしまった経験があるという養親のＡさんからも連絡をもらった。どういう場面でも言ってはならない言葉であることは間違いない。それでも関係機関は、そう言いたくなるほどしんどい里親の気持ちを受け止め、良い関わりに変えるための支援をすることが必要である。Ａさんは反省し、しんどさを抱え込まずにすむ方法を関係機関と一緒に探した。親子として生活していく中で、子どもも養親さんも落ち着き、今は幸せに暮らしているそうだ。

　中には、里母の発言は何があっても許されないというご意見もあった。そういう意見もあることは予想していたが、途中養育のしんどさや壮絶さはまだ一般的に知られていないため、広く伝える必要性も考えさせられる。

　ヤス君や里父母のことを思うと、やるせない結果であることには変わりない。「後悔」の原稿を、涙を流しながら読んだという方もおられた。感想は様々だが、どの方もヤス君の幸せを願ってくれていた。この原稿を通じて、皆さんに「自分のこと」として考えてもらえていたら嬉しい。　　　　　（中合）

資料　　あたらしいふれあい 552 号 2021 年 12 月 20 日発行

　　後悔〜ヤス君のこと〜

　7・8月号で「後悔（上・下）」という原稿を書いた。3歳のヤス君と出会いのあった里父母が、出会いから半年ほど経ったとき、里母の不適切な発言が発覚し、児相の判断で委託解除になったケースである。里母の発言は許されないものだとしても、深く反省して改善策を考えている里父母と引き離し、子どもが病気や障害を持つという理由で養子里親の委託の継続はできないという判断は、子どもにとって最善だったのかを問うものだった。

　これまで、里母は協会や児相に宛てた手紙を書いていた。その文章に心を動かされることが何度もあった。私の原稿は、できるだけ冷静に、客観的に書くよう意識していたが、一方で里父母の悲しみややるせなさなどを伝えるには不十分だという自覚があり、心残りだった。そこで、当事者である里母に、ヤス君のことを寄稿してもらえないかと頼んだ。ヤス君との思い出や、里母の発言に至るまで、委託解除になってからのことを赤裸々に書いてもらった。里母の発言がきっかけでもあり、振り返る作業は辛いものだったと思う。また、これを発表することで、さらに誤解を生んだり、批判されたりする可能性もあるが、それでも「誰か一人でもいいから役に立てれば」という思いで書いてくださった。里母の思いが生々しく伝わってきて、胸が痛くなる。多くの人に読んでいただき、知ってもらいたい。　　　　　　　（中合）

里母の寄稿

　私は養子として迎えるつもりでいたヤス君の里母をしていましたが、私の不適切な発言によりヤス君は児童相談所に一時保護され、その後委託解除となりました。その出来事はヤス君の人生を大きく変えることとなってしまいました。ヤス君には謝罪してもしきれないほど深く後悔しています。また、ヤス君を愛し支援し続けて下さっていた関係者の方々の心も傷つけ、多大なご迷惑をおかけしたことを大変申し訳なく思います。当事者である私が寄稿することについては深く悩みましたが、私たち夫婦とヤス君のことを少しでもお伝え出来ればと思い、書かせていただきました。

　3歳のヤス君との養子縁組のお話を頂いた時は夢ではないかと思う程喜び

ましたが、しっかりやらなくてはと重責も感じました。ヤス君は身体が小さく発達の遅れや持病があるということでしたが、穏やかで落ち着いて見えました。初対面の時から物怖じせずニコニコとして、私たち夫婦のことを父母だと受け入れて接してくれているように感じました。こちらが戸惑うぐらいヤス君は私達に懐いてくれ、初めて私が一人で施設に会いに行った日も、プレイルームで元気良く遊びながら何度も私の方を振り返り「ママー」と呼んでくれました。遠い施設に通うのは体力的には大変でしたが、ヤス君との関係性は、とても穏やかなものでした。それはヤス君の柔軟性、包容力、優しさのおかげだと思います。

食に対する意欲が極端に低く、食事の時間には施設の先生方を手こずらせていたヤス君でしたが、家に来てからは好きなものは過食気味になりました。パパの食べているものを食べたがったりと、食べることに興味が無いわけではなく単に偏食がひどいだけのようでした。好きなものを楽しく食べられれば良いと思っていたのですが、そのうちひどい便秘になり浣腸の日々となりました。関係者の方々から助言を受け、様々な工夫をすることで次第に改善していきましたが、やはり食事と排泄についてはかなり気を配っていました。食事は遊び食べが基本で、なかなか進まず「ごちそうさましようか?」というと「まだ食べる」と言うので、毎food一時間以上かかっていました。根気が必要でしたが、食事の時間が嫌にならないようにと、時間をかけてでも急がずのんびり楽しく食べるという事を心がけていました。トイレの時間も遊びの時間にしてしまうヤス君でしたが、排泄に成功する度に一緒に拍手をして「すごいねー。良かったねー」と言い合ったり、数字のシールを紙に貼ることで数字に興味を抱き、どんどん覚えていくヤス君を見ていると、ヤス君はヤス君のペースで確実に日々、成長していっているんだなあと思いました。

ヤス君は我が家に来てからよく笑い、わがままを言って泣き、非常に頑固な部分も見せるようになりました。あまり食べない割にはエネルギッシュで危ないこともするので目が離せず気を揉むことも増えましたが、施設にいた頃は抑えていた自分が出せるようになって良かったのだろうと思いました。乗り物が大好きなヤス君と一緒に何度も歩いて電車を見に行ったり、いろんな滑り台をするためにあちこちの公園や様々な施設に行き、園庭開放の日にはイベントを見に行ったり、大好きなポテトを食べに行ったりと、沢山の場所に一緒に行きました。家ではひたすら新幹線の動画を見たり、トーマスの

ダンスを一緒に踊ったり、ドーナツの歌に合わせて粘土でドーナツを作ったり、お絵描きをしたり、毎日、大変ではありましたが楽しい時間を過ごし、一緒にいるのが当たり前という感覚になっていきました。実習中に撮った写真と見比べると家に来てからのヤス君の表情は豊かになり、子どもらしい可愛さに溢れていました。公園で楽しそうに遊んでいるヤス君を見ていると、とても愛おしく感じました。

　友人の家で同年代の子どもと一緒に遊んだり、新しい食べ物に興味を示したりする様子を見ていて、幼稚園にも行った方が良いのではと思うようになりました。私自身も親として幼稚園を楽しみに思っていたのですが、実際、園の準備が始まると、準備物の用意に加え、幼稚園バスに間に合わせるために早起きの練習をしたり、朝食にかかる時間を考えつつ急かさないように食べさせたり、想像以上に自身に負荷がかかることに気が付きました。また、いつも子どもに注意を向けていると、以前はしなかったようなミスで自分の仕事を増やしてしまい、それも更なる負荷となっていきました。養子を迎えて半年〜１年程は本当に大変な時期だと聞いていましたので、もっとゆるやかなペースで育児をしていくべきでした。時間に縛られることなくのんびりとヤス君と過ごすことを大切にしたいと思いましたが、入園に向けて多くの方が動いて下さったということもあり、途中で幼稚園を辞退するわけにもいかず、今は頑張らねばならない時期なんだと自分を奮い立たせていました。病気や障害のあるヤス君は通院、療育、デイサービスなど通う場所が多く、それに加え、月に何度かある家庭訪問の２時間も負担に感じていました。家庭訪問は話をするだけで直接的な支援があるわけではなく、間を持たせるために何か話をしなければと気を遣うこともありました。助言はありがたく思いましたが、様々な立場の方が来られるので、人や立場によって意見が異なり、どの方の意見を取り入れるか迷うこともありました。そして、一番気がかりだったのは、訪問中、ヤス君の元気がなくなり、よく寝てしまうことでした。訪問の方が帰られた後は、いつものように元気になり夜眠れなくなるので、こちらも寝られないといった悪循環が生じていました。

　子どもの前ではいつも笑顔で機嫌よくいなければと思っていたのに、疲れて苛立ったり、笑えなかったり、自分が本当にダメな人間に思え、ヤス君にいつも申し訳ない気持ちでいました。そんな中で、私はヤス君にひどい言葉を言ってしまいました。その頃、私は通園にあたり、どんなお弁当ならヤス君が食べやすいかと試行錯誤していました。そして、ある日ヤス君が大好き

なふりかけおにぎりを口から吐き出した時に、「施設のごはんの方が美味しいから施設に帰った方がいいね」というような言葉を放ってしまいました。"食事は楽しくのんびりと"を心がけてきたはずなのに、何故かその時、自分でも不思議なくらいショックを受け、打ちひしがれてしまいました。もちろん言葉通りの意味ではなく、ヤス君は自分にとってかけがえのない唯一無二の存在です。小さな子どもに対して決して言ってはいけない愚痴をぶつけてしまったのです。ごはんを食べるために施設に帰るなんてことは不可能ですし、理不尽な酷い言葉です。私の発言に対して、ヤス君は「帰らない」と言いました。ヤス君はヤス君なりの覚悟を決めてこの家に来てくれたのに、そんなことを言わせてしまった自分を本当に情けなく思います。激しい自己嫌悪に陥りました。ヤス君に居心地よく我が家で暮らしていってもらうためには、とにかく自分がしっかり睡眠をとり身体を休めなければと思いました。

　子育てするにあたり使えるサポートは何でも利用していくつもりでしたが、コロナ禍でそれも利用出来なくなり、頼りにしていた母親も遠方のため会えなくなりました。その頃、里親支援専門相談員の方の家庭訪問があり、ヤス君に言ってしまったこと、身体を休めるために何か支援のようなものはないだろうかと相談しましたが、特にサポートなどはなく話をしただけで終わってしまいました。疲れは続いていましたが、次第に入園の準備も終え、もう少しで入園式というところまで日々が過ぎました。ヤス君は変わらず元気によく遊び、マイペースな様子でした。公園に行くと、以前は難しかった滑り台に登ることが出来るようになったり、道すがら一緒に花壇の花を見て「きれいだねえ」と話したり、何気ない日々の中でヤス君の成長を感じながら、自分はヤス君に救われているなあと思いました。

　問題の発言から2週間程経ったある日、児相の職員さんの家庭訪問がありました。その時にようやく支援の話が出たのですが、その後、子ども担当の児相の職員さんの家庭訪問があり、一時保護となってしまいました。私のヤス君に対する発言が原因でした。しんどい気持ちを溜め込まずに吐き出し、周りに頼ることが子どものためになると考えていたのですが、そんなことになるのであれば、相談などせず何が何でも夫婦2人でやっていくべきだったと激しく後悔しました。一時保護の後、協会の方々が児相と話し合いをして下さり、私達夫婦も手紙を書いて持参しました。危険な状態では無かったと誤解は解けたようでしたが、ヤス君が家に戻ることはありませんでした。

　児相の職員さん達に連れていかれる時、ヤス君はどんな思いだったのだろ

うか…ヤス君の気持ちを考えると心配でなりませんでした。ヤス君は家庭訪問の度に不安定になっており、家から連れ出されることに不安を抱いているようでした。その不安が現実となり、そのショックは大人が計り知れない程大きなものだったと思います。別れ際「必ず迎えに行くからね」という言葉が反射的に出ましたが、その約束も果たせず、その私の言葉が更にヤス君の心を傷付けてしまうことになったのではないかと後悔が幾重にも重なり、無力感に襲われます。何度考えても、我が家での生活に馴染んでいたヤス君と私たち夫婦を無理に引き離すのではなく、必要な時には支援を受けながら一緒に親子を続けていくことがヤス君の気持ちに寄り添うことだったのではないかと思えてなりません。

　ヤス君と過ごした最後の日、ヤス君は私の荒れてささくれた手を見て「どうした?」と心配してくれました。ヤス君の優しさとそれを言葉に出来るようになったことに胸を打たれました。「鉄道博物館に行きたい」と何度も言っていたヤス君。この先もっとヤス君と一緒にいろんな場所に行き、沢山喜ばせたかった。一緒に過ごした約半年間にヤス君は驚くほど成長し、私たち夫婦にキラキラしたものを与えてくれました。今も、ヤス君が好きだったものを見かけると、これを見せてあげたら喜ぶだろうな…と想像したり、ヤス君と一緒に歩いた場所を通る度、いろんな思い出が蘇ります。しかし、今、私がヤス君のために出来ることは、毎日、今日もヤス君が幸せに過ごせますように、と祈ることだけです。どうかあたたかな里親家庭で愛に包まれ、健やかに成長していってくれることを切に願います。

第Ⅳ章

ドイツにおける里親の法的地位に関する議論の歴史的変遷

1 ドイツ民法制定前の里親里子関係
——プロイセン一般ラント法での規整——

（1） プロイセン一般ラント法の条文

　普通法では規定されていなかったが、社会的には稀ではない里親里子関係について、1794 年制定のプロイセン一般ラント法（以下では、ALR と記す。）では、第 2 部第 2 章第 12 節「里親里子関係（Pflegekindschaft）」に以下のように規定されている[31]。

　第 12 節　里親里子関係
　第 753 条：親に遺棄された子を引き取って養育する者は、この子に対する
　　　実親のもつすべての身上［監護］権を取得する。
　第 754 条：子を引き取って養育する者は、国によって受け入れられている
　　　宗教の一つで子を教育し、かつ何らか有用な職業に就ける義務を負う。
　第 755 条：子の親が里父［育ての父］と同等あるいはそれ以上の身分であ
　　　るときには、里父は、子を自己の子同様に世話しかつ教育する義務があ
　　　る。
　第 756 条：親が低い身分もしくはその身分が全く不明であるときには、里

---

31)　本文中の著者訳中、［　　］内は著者による補足。

父がいかなる種類の扶養や教育を子に受けさせようとするかはひとえに里父の考え次第である。

第757条：子の将来の生活様式の選択に際しても、里父は実父のもつすべての権利を有する。

第758条：里子［育ての子］の婚姻の際には、里父の同意を必要とし、実親の同意は不要である。

第759条：また、里父は、子に財産があってもその財産に対する権利を取得しない。

第760条：そうではなくてこの財産は、養子の財産のために定められているのと同様に取り扱われる。

第761条：加えて、里親と子との間には法定相続権は発生しない。

第762条：ただし、法定の相続順位については、里親は、遺棄された子を養子にすることを故意に拒否した親族にとって代わる。

第763条：また、里親は、養育費と日常の衣料品を除き、里子になされた贈与が子の遺産中に残存している限り、その贈与を里子の遺産から取り戻すことができる。

第764条：低い身分の出自または出自不明の里子には、里親は埋め合わせのための役務提供を求めることができる。

第765条：子は、満14歳に達すると、それまでの間養育されただけの年月無報酬で役務を提供しなければならない。

第766条：役務提供期間中、子には必要な衣服のほかに、他の同じ役務を行う人が提供される生活費が与えられなければならない。

第767条：里子の役務は他の者に譲渡されてはならない。

第768条：里親が死亡したときは、役務提供は中止する。

第769条：里親は、里子の役務提供期間がまだ終了していないことのみを理由にして、里子の婚姻に同意を拒絶することはできない。

第770条：里親が、子の生命、健康、名誉、行状または良心にしたがって行動する自由が危険に陥るほど、権利を濫用するときには、子はさらな

る役務提供を免除されうる。

第771条：里親が、子の教育終了前に、その援助を再び撤回するときには、子に対する里親の個人的権利はすべて失われる。

第772条：ある者が他人の子の養育および教育を引き受ける場合、身寄りのない場合を除き、その者と子との関係は、主として養育および教育について締結された契約の内容に従って判断されなければならない。

第773条：前条の契約の権利と義務が契約上定められていない場合、これらの権利と義務は、引き受けられる教育の目的が直接必要とする以上に及ばない。

（2）　ALR の里親里子関係の特色

前項(1)で示した ALR の里親里子関係に関する規整の特色をみてみよう。

ALR に里親里子関係を法制度として設けたことについて、立法者のスアレツ（Suarez, Carl Gottlieb）は、次のように記している。

「これまでまだ全く実定法が存在しなかったこの表題（Pflegekindshaft のこと：著者注）で、私の主たる意図に含まれていたのは、父母が扶養や教育を与えられない、あるいは与えるつもりのない非常に多くの非嫡出子の面倒を以下のようにしてみるということであった。つまり、他の思慮深い国民が、法律がこのような場合に彼らに認める諸権利によって、このような不幸な子どもたちの面倒をなお一層早期にみるように、そして有用な国家成員になるための子どもたちの教育をするように励まされるように」[32]と。

里親里子関係が法典に制度として規定された社会的背景として、養子縁組の要件として、養親となる者の年齢が満50歳以上に設定されていたため、現実には50歳に達していないずっと若い人が子を引き取り、事実上の養子

---

32)　Suarez, zitiert nach Dernburg, Lehrbuch des Preußischen Privatrechts und Privatrechtsnorm des Reichs, 1880, S. 183, Fn. 2.

58

縁組が行われていたという事情が存在した[33]。こうした事情の下では、里親里子関係の制度化は、「救貧院に代わって、寄る辺のない子どもたちに世話をしてくれる人を与えるのに役立つ全く新しい制度が創設される」という意義をもつことが想定されている[34]。ただし、事実上の養子縁組に法的裏付けを付与するためにのみ里親里子関係が利用されたわけではないこともうかがえないわけではない[35]。例えば、ALR の条文を見てみると、そこでは 2 つのタイプの里親里子関係が規定されている[36]。

　第一のタイプは、親に見捨てられた子──スアレツが里親里子制度について想定していたのは非嫡出子である──を引き取った里親が、実親のもつ身上監護権を取得するタイプである（753 条）。親が見捨てたということは、親としての権利と義務を永久に放棄するという意思を示したということである[37]。753 条の身上［監護］権としては、しつけと教育の権利、将来の生活様式の選択が含まれ、財産権については対象外である（759 条）。子が締結した債権契約の承認、後見人の選任も対象外である[38]。第二のタイプは、契約に基づき子の養育および教育のために子が養育者に受け入れられるタイプである。この場合、子は寄る辺のない者ではない（772 条）。契約に規定されて

33）　Dernburg, a.a.O. (Fn.32), S. 183, Fn. 1. なお、ALR 第 2 部第 2 章第 10 節養子縁組 第 668 条は、「満 50 歳に達した者のみが、他の者を養子にすることを許可されるものとする」と規定している。

34）　Koch, Allgemeine Landrecht für die preußischen Staaten, 1886, S. 420, Anm. 1.

35）　例えば、Koch, a.a.O. (Fn.34), S. 420. Anm. 1 では、里親里子制度は死んだままであると評されている。Dernburg, a.a.O. (Fn. 32), S. 183, Fn. 2. でも、立法者のスアレツの意図はかなりの程度達成されていないかもしれないと指摘されている。ただし、Dernburg は、Koch が指摘するように、この制度が死んだままではないとして、刑法典では、里親に対する里子の窃盗は里親の申立てに基づいてのみ取り調べを行うことができるとしていて、里親里子制度を顧慮したものになっていると指摘している。

36）　Tirey, A., Das Pflegekind in der Rechtsgeschichte, Böhlau Verlag, 1996, S. 83f.

37）　Dernburg, a.a.O. (Fn.32), §64, S. 183.

38）　Koch, a.a.O. (Fn.34), S. 420, Anm. 2.

いる教育目的以上に実親の権限が委譲されることはない（773条）。

　さらにALRでは、将来の国家構成員（国民）の養成が目的に掲げられている（754条）が、そのための方法は家父長制的であり、かつ身分制秩序に基づいたものとなっている。すなわち、子を引き受けた者としては里父が想定されている（755条～759条）。受け入れた子と里父の社会的身分によって、里父が行うべき養育・教育の内容が異なっている。受け入れる子の親の身分が里父と同等あるいはそれ以上であるときには、里父は、子を自己の子同様に世話しかつ教育する義務を負う（755条）。これに対して、親が低い身分もしくはその身分が全く不明であるときには、里父がいかなる種類の扶養や教育を子に受けさせるかは里父の裁量に委ねられている（756条）。ALRの里親里子制度に関する条文には、里親（つまり里父母）という文言は登場するが、里母という文言は登場しない。

　里父と里子との関係は互酬的関係として規定されており、この関係にさらに身分制秩序のフィルターがかけられている。里子は満14歳に達すると、養育された期間と同じ期間、無報酬の役務提供義務を課されている（765条）。低い身分の出自または出自不明の里子には、埋め合わせのための役務提供を（文言の反対解釈によると、14歳に達していなくてもということになる）求めることができる（764条）。これらは、後述するように、里親制度が奴隷制につながるとされる要因となるものである。これら役務提供義務は、里親が死亡したとき、里子が婚姻しようとするとき、里親が自らの権利を濫用したときには終了する（768-770条）。

　実親からの子の返還請求を里親はほとんど心配する必要がない。ALRは第2部第2章第258条で、「父が故意に子を支援も、監督もせずに放置したとき」には父権は終了すると規定しているので、第753条の里子受け入れの要件に照らすと実親は子の返還請求をする法的権限を失っているからである。また、第263条は、「父権が終了または停止した時点で子がなお未成年であるときには、子のために後見人を選任しなければならない。」と規定しており、選任された後見人は、里親の権利を前提にして権利を行使するので

ある³⁹⁾。

（3）　小　　　括

ALR の里親里子関係（里親里子制度）では、遺棄された子を引き取った里親（里父）は、その子の身上監護権を保持した。そのため、里親里子関係というのは、家族法上の法律効果をもつ制度として構築されていた（前述の第一のタイプの里親）。これとは異なり、養育および教育契約に基づいて子を引き取っている場合は、債権法上の契約であると位置づけられており、家族法上の制度とは別なものとして位置づけられていたのである⁴⁰⁾（前述の第二のタイプの里親）。

2　ドイツ民法立法時の里親里子関係の取扱い

（1）　立法理由書の記述

ドイツ民法（以下では、BGB と記す。）制定過程で里子について議論されている。立法理由書（Motive）での扱いを見ておこう。Pflegekindschaft（里親里子関係）については、養子縁組の章の中で取り上げられている⁴¹⁾。

「普通法や他の最近の法典と違って、ALR 第Ⅱ部第 2 章 753 条以下、フランス民法 361-370 条およびバーデン国法 361-370 条は、養子縁組とならんで、里子を子の側の世話および子の扶養に関する一定の効力と結びつけられた特別な家族法上の制度として知っている。ALR へのこの新しい制度の採用の目的は、両親が扶養を与えることができない、あるいは与えるつもりのない非嫡出子の人数の多さを顧慮して、気立てのよいほかの人に、同時にかれらにとっての里親里子関係と結びつけられた権利を通じて、そのような不

---

39)　Tirey, a.a.O. (Fn. 36), S. 85.

40)　Tirey, a.a.O. (Fn. 36), S. 85f.

41)　Motive, S. 953f.

幸な子をより早期に養子にし、また国家に有用な構成員にする、不幸な子の
教育について配慮する気を起こさせようというものだった。特に、低い身分
の出自または出自不明の里子は、その埋め合わせとして里親に役務を提供す
る義務があると規定すること（Ⅱ2 §764ff.）で、裕福な人々は、そのような捨
て子を、将来かれらから見込まれる役務を期待して引き取る気にさせられる
ことになった。ALR の改訂の際、この後者の規定の削除が提案された。印
刷された ALR の草案に対して、この規定は一種の奴隷制を生み出すという
反対意見がすでに出されていた。その他の点では、法律の修正の際に里親里
子関係は、わずかな修正を加えて、家族法上の制度として維持された。──
フランス民法典とバーデン国法の tutelle officieuse・非公式後見は、全く別
の性格と全く異なる目的をもっている。tutelle officieuse は、養子縁組の事
前準備および前段階としての役割をはたしており、そして成年者でかつ養親
となる者がその成年者が未成年の間に 6 年間支援しかつ面倒を見た者だけを
養子にすることができるというフランス法の規定（345条）が存在すること
による。この制度によって先の最初の規定の厳格さは緩和され、そして同時
に後者の規定の充足のための適切な手段が与えられるのである。

　［本］草案が前提にしたのは、家族法上の効力をもつ里親里子関係を設け
ること、および里親里子関係を独自の制度として受容する必要は存在しない
ということである。スアレツがラント法上の制度の創設の際に念頭に置いて
いたような寄る辺のない子どもの人数が、認知や養子縁組によって減少させ
られないときには、地域の救貧団体および後見裁判所がこのような子どもの
住居、養育および教育を配慮し、そして食事を提供して教育を行うことを他
の人に取消可能な形で委ねる債権契約という方法で十分に行うことができる
のである。さらに、市町村孤児評議会制度は、まさに右の点について実りあ
る活動の場を開くものであり、このような寄る辺のない子どもの身体的・知
的な福祉の配慮を任されている人について十分な監督が欠けることがないよ
うにするものでもある。このような里親に家族法上の権限を付与し、かつそ
れと並んで ALR が行っているような独立して、あらゆる監督を免れた地位

を里親に付与するならば、利己的な目的が里子受け入れの動機になり、里子が主に家の役務のためにこき使われる一方で、人間社会の有用な構成員になるための教育は背後に退くというのは当然推測されることである。特に、里親はいつでも自らの援助を再び撤回することができるという［ALR］第Ⅱ部第2章771条の規定も憂慮すべきである。したがって、教育の継続性に対するあらゆる保障を欠き、里子が突然良好な生活環境から、今や再び慣れることがはるかに困難でかつ過酷な以前の劣悪な生活環境に再び突き返されない保障を欠いている。このラント法上の制度は、法生活においてあまり実際上の意義を達成しなかっただけに導入する理由は存在しない。——フランス法の tutelle officieuse・非公式後見も、証明されているように、定着しなかった。本草案の立場からすると、草案は、上述の、フランス法の養子縁組を制限する規定を知らないだけに、フランス法の非公式後見は一層不要である。ヘッセン草案およびイタリア民法典も、そのほかの点では、一般的にフランス民法典がモデルとして役立ったにもかかわらず、この制度を受け入れなかった。」

（2） ALR の否定的評価

　本章1で詳しく見てきた ALR の里親里子制度に対して、BGB の立法理由書は否定的な評価を与え、里親里子関係は、債権法上の契約によるべきだという[42]。具体的にはこうである。ALR の立法者であるスアレツが考えたような遺棄された子の保護は、地域の救貧団体や後見裁判所が、いわば社会福祉的に図ることとし、子の養育や教育は第三者との取消可能な債権法上の契約に委ねるべきだという。立法理由は、まず、ALR の里子による役務提供義務の存在は、奴隷制を招来しかねないという見解に賛同している。さらに、里親に身上監護権という家族法上の効果をもつ権限を付与し、里親に対する十分な監督を行う制度的保障も存在しないならば、「利己的な目的が里子受

---

42)　なお、Tirey, a.a.O. (Fn. 36), S. 91f. も参照。

け入れの動機になり、里子が主に家の役務のためにこき使われる一方で、人間社会の有用な構成員になるための教育は背後に退く」ことになるというのである。また、ALR の規定（771 条）では、里親はいつでも里子との法的関係を解消できるので、「教育の継続性に対するあらゆる保障を欠き、里子が突然良好な生活環境から、今や再び慣れることがはるかに困難でかつ過酷な以前の劣悪な生活環境に再び突き返されない保障を欠いている」として、里子の生活の安定性、生活関係の継続性の確保といった視点から、ALR の制度を受け入れることはできないという。

　さらに、フランス法の非公式後見について、この制度の前提になっている養子制度の仕組みが異なるという点と、そもそもフランス法において非公式後見制度が定着しなかったとして BGB では採用しないとしている。定着していないという点では、ALR の里親里子関係に関する制度も同じであるという評価を下している。

（3）　ギールケの反論とその評価

　立法理由書の見解に対して、ギールケ（Gierke, Otto）は、次のように述べて、里親里子関係を家族法に規定するべきと主張している[43]。

　「しかし、草案がドイツの習慣や考え方を考慮するつもりであれば、養子縁組の代わりに、あるいは養子縁組が許可される時まで、生活の中できわめて頻繁に発生する里親里子関係を完全に無視し、家族法上の効力を奪うことはできない。養子縁組に関する ALR の規定がかなりの欠陥に苦しんでいるとしても、その根底には健全な考え方があり、「債権契約」（［理由書］954 頁）に言及した理由書の考察がそれを排除することはない。もちろん、ドイツの家共同体（Hausgemeinschaft）を正当に評価する法典は、里親と里子の関係を家族法の領域に取り上げなければならない。」

　このギールケの指摘に対して、草案起草者のプランク（Planck, Gottlieb）

---

43)　Gierke, Otto, Der Entwurf eines bürgerlichen Gesetzbuchs und das deutsche Recht, Duncker und Humblot, 1889, S. 486.

は、次のように評している[44]。

「ギールケは、家族法領域では、里子についての規定が欠けていることを残念がっている。プロイセンラント法の里子に関する規定によってなされた経験は、ギールケに不利なことを物語っている。ドイツ法の制度の問題ではなく、ドイツの慣習の問題であって、さらには、この慣習に里子関係は安心して委ねることができる。」

ギールケの主張はBGBの立法者によって聞き入れられることはなかったのである。

（4）　小　　　括

BGBの家族法には、里親里子関係が規定されなかった。ALRとは異なり、里親里子関係には家族法上の法律効果が付与されなかった。同じことを関係法の視点から言い換えると、家族法上の身分関係が里親と里子の間には設定されなかった。この理由として、BGBの立法理由書は、ALRの里親里子関係の規整の仕方が里子にとって不利益をもたらす、とりわけ里親（里父）に対する役務提供義務が奴隷制を招来する可能性を指摘した。また、ALRの里親里子制度は実際には定着していない、つまり機能していないという評価も下されていた。さらには、ALRでは里親が里親里子関係を任意に解消できることになっていたので、里子にとっての養育・教育の継続性と生活の安定性が保障されていないという指摘もされていた。里子の対象になるような子の養育・教育は救貧団体による支援（社会福祉的支援といえる）や後見裁判所による未成年後見制度の利用によって図れられるべきとの指摘もなされている。

理由書が指摘している諸点は、実は現在の里親里子関係でも重視されるべき事項であると言える。そうした点についてALR（あるいは部分的にはフラン

---

44)　Planck, Gottlieb, Zur Kritik des Entwufes eines bürgerkichen Gesetzbuches für das Deutsche Reich, Archiv für die civilistische Praxis, 1889, 75. Bd., H. 3, 1889 S. 400.

ス民法典にも言及しつつ）の里親里子関係に関する法規整の仕方では対応できないというのである。それでは、現に存在する里親里子関係について BGB ではどう対応するのかというと、債権契約によれば十分であるということと、ドイツの慣習に委ねるというのが理由書での提案であった。

　ところで ALR および BGB の制定理由を見てきて気づくことは、実親が養育を放棄したり、養育できないまたは養育の意思がない子（その多くは非嫡出子と考えられる）の養育を養子縁組によらずに養育する手段として里親里子関係が想定されているということである。そして、その際に考察の対象になっているのは長期もしくは恒久的な里親里子関係であるということである。

3　1925 年と 1929 年の改正法案

（1）　法改正の必要性の背景

　里親里子関係について私法上の規定は設けないとした BGB が施行されて（1898 年）間もなく、1920 年代になると早くも里親里子関係に関する私法上の規定を設けることが、少年援助の関係者から求められた[45]。

　BGB の草案理由書では、里親里子関係制度は利用されていないということが指摘されていたが、実はそうではなくて里親里子関係制度は有用なものだったというのである。具体的には養子縁組を行わずに、子どもを引き取って養育しようとする家庭にとって、里親里子関係を民法の中に位置づけることが重要であるとされた。そうであるにもかかわらず、法的には父親からの任意の連れ戻し請求に対抗する法的手段が存在しなかった[46]。このことから

---

45)　Frank, Rainer, Grenzen der Adoption, Metzner, 1978, S. 146 ; Tirey, a.a.O. (Fn. 36), S. 92f.

46)　Tirey, a.a.O. (Fn. 36), S. 92. ; Hundinger, Ina, Das Rechtsverhältnis der Pflegekindschaft und der neue Entwurf, Zentralblatt für Jungendrecht und Jungedwohlfahrt XVIII, S.205f. 当時の BGB1632 条は、「子の身上監護には、父親から不法に子の返

少なからぬ人が里子の受け入れを思いとどまらされたという。この結果、「家族法の規定と連動した BGB の一般的な契約規定では、里親里子契約を一定程度の期間（für eine bestimmte Dauer）締結でき」ず、「子の福祉のためのこうした契約を締結しても、養育能力のない実親も引き続き子に対する親権をもち、たいていの場合有能な里親が教育への十分な影響を及ぼすことができず、そのことによって結局は安定した、きちんとした養育が実現されないことになる」というのである[47]。ライヒ政府は 1925 年に「非嫡出子と養子縁組に関する法律案」を公表し、1929 年に法務大臣が参議院（Reichsrat）の同意を得たうえで帝国議会（Reichstag）に 1925 年法案を若干修正して提出した法案の中で、養子縁組の章の後に、里親里子関係の章が「V. 里親里子関係　第 4 編第 2 章では、第 1772 条の後に第 1772a 条から第 1772g 条として、特別の表題の下、以下の規定が挿入される」とされたのである[48]。

（2）　1925 年・1929 年法案の内容

　上述のように、1925 年法案と 1929 年法案は別個のものではなく、1925 年法案が修正されて 1929 年法案としてまとまったものである。その意味では、ここでの検討の対象は、1929 年法案ということになるが、法案の内容の異同を比較できるようにするために、両法案の内容を挙示する。

　1925 年の「非嫡出子と養子縁組に関する法律草案」は、次のように規定

　　還を妨げた者に対して、子の返還を要求する権利を含む」と規定していた。
47)　　Hundinger, a.a.O. (Fn.46), S. 205f.
48)　　法案は、立法者の名前からブランディス（Brandis）法（草）案ともいわれる。Hundinger, a.a.O. (Fn. 46), S. 206 は、里親里子関係を法律のどの位置に規定するべきかについて、養子縁組の章の後ではなくて、婚姻表明と養子縁組の章の間に置かれるべきだという。「里親里子関係は、養子縁組の付属物とするべきではなく、養子縁組の要件および相続法上の効果を伴わずに、相互的な契約に基づいて親子関係を創設させようとする制度だからである。婚姻表明は、非嫡の子のための法典上の恩恵という保護になっていて、里親里子関係は、それに続いて、より簡便な形として、非嫡および嫡出の子のための法的援助の端緒の役割を果たすのである」からだという。

している[49]。

　　第1772a条：未成年者の身上を監護する権利を有し、義務を負う者は、他の者との契約によって、この者に一定期間監護を委譲することができる（里子契約）。以上のことは法人も行うことができる。

　　　　この契約は、裁判所による証書もしくは公正証書を作成することを要する。

　　第1772b条：監護が複数の人の権限に属するときは、これらの者は監護を共同でのみ委譲することができる。

　　　　婚姻中は、この委譲が同時に配偶者に行われるときにのみ、夫婦の一方に監護を委譲することができる。このことは、夫婦が恒久的に互いに別居生活をしているときには行うことができない。その他の点では、複数人への委譲は許されない。

　　　　契約の成立には、第1750条1項1文および第1751条1項が準用される。

　　第1772c条：里子契約の発効には、後見裁判所の許可を要する。行為能力を制限されている者への監護の委譲は、特別な理由がある場合に限られるものとする。

　　　　子が満14歳に達しているときには、決定前にその子は聴聞されるものとする。

　　第1772d条：里子契約の許可と同時に、それまで監護権限を有していた者は、子の身上を監護する権利と義務を失う。監護を引き受ける者は、子の身上を監護する権利と義務を取得する。監護を引き受ける者は、監護のさらなる委譲を行う権限をもたない。

　　第1772e条：里子契約の締結により創設された法律関係は、同意された期間の経過と同時に終了する。この法律関係は、遅くとも子の成年到達と

---

49)　Entwurf eines Gesetzes über die unehelichen Kinder und die Annahme an Kindes Statt : in Zentralblatt für Jugendrecht und Jugendwohlfahrt XVII, 1925, S. 175ff. insb. S. 183.

ともに終了する。

　前項の法律関係は、それ以前に取り消すことができる。この取消しは、監護を引き受けた者と委譲が行われなかったならば契約締結時に監護の権限を有しているであろう者との間の契約によって行われる。第1750条1項1文、第1751条1項および第1768条3項の規定が準用される。

第1772f条：取消しは、特別な理由が取消しを子のために必要と思わせるときに、後見裁判所の命令によっても行うことができる。第1770a条2文が準用される。

第1772g条：里親里子関係が、子の成年到達以外の仕方で終了するときには、委譲が行われなかったならばその時点で監護権を有するであろう者が監護権を取得する。

1929年の法案は次の通りである[50]。下線部が1925年法案と異なる部分である。

第1772a条、1772b条：1925年法案と同じ。

第1772c条：里子契約の発効には後見裁判所の許可を要する。行為能力を制限されている者への監護の委譲は、特別な理由がある場合に限られるものとする。

　判決前に子の法定代理人は聴聞されるものとする。子が満14歳に達しているときは、判決前に聴聞されるものとする。

第1772d条：里子契約の許可と同時に、それまで監護権限を有していた者は、子の身上を監護する権利と義務を失う。監護を引き受ける者は、子の身上を監護する権利と義務を取得する。監護を引き受ける者は、監護のさらなる委譲を行う権限をもたない。

50）　Entwurf eines Gesetzes über die unehelichen Kinder und die Annahme an Kindes Statt (Schluß) : in Zentralblatt für Jugendrecht und Jugendwohlfahrt XX, 1929, S. 304ff. insb. S. 307.

子の身上にも財産にもかかわる行為の実行が問題になるときに、監護
権者の間で意見の相違があれば後見裁判所が決定する。

第 1772e 条：里子契約の締結により創設された法律関係は、同意された期
間の経過と同時に終了する。右の法律関係は、遅くとも子の成年到達と
ともに終了する。

　　前項の法律関係は、それ以前に取り消すことができる。この取消し
は、監護を引き受けた者と委譲が行われなかったならば契約締結時に監
護の権限を有しているであろう者との間の契約によって行われる。この
契約は書面の形をとることを要する。第 1750 条 1 項 1 文、第 1751 条 1
項および第 1768 条 3 項の規定が準用される。

第 1772f 条：取消しは、それが子の利益にかなうとき、またはそうでなけ
れば特別な理由から必要と思われるときには、後見裁判所の命令によっ
ても行われうる。判決前に関係人は聴聞されなければならない。ただ
し、聴聞が実施不能であるときはこの限りでない。

第 1772g 条：1925 年法案と同じ。

　この法案は、子の身上監護権を保持する者は、第三者に子の監護を委ねる
契約（里子契約）を締結することができ、その契約は裁判所の証書または公
正証書による（第 1772a 条）とともに、この契約が発効するには後見裁判所
の許可を必要とする（第 1772c 条）。注目すべきは、法案では、里子契約が後
見裁判所の許可によって成立すると、里子となる子の身上監護権は、全面的
にそれまでの監護権者から新たに子の監護を引き受ける者に移り、前監護権
者の身上監護権と身上監護義務は失われるという点である。親権には身上監
護＝事実的監護、財産上の監護＝財産管理、経済的監護＝扶養という 3 要素
が含まれる。このうち、法律上の監護としての法定代理行為は、身上監護、
財産上の監護それぞれの領域で必要となりうるが、同時に二つの領域にまた
がる場合もありうる。この二つの領域にまたがる問題について身上監護権者
と身上監護権を子の養育者（里親）に委譲した者（親権者＝この場合には財産管

理権（のみを有する）者）の間で意見が異なるときには、後見裁判所が判断するとしている（第1772d条）。

里子契約の終了は、定められた時間の経過、子の成年到達（第1772e条1項）、書面による取消契約（第1772e条2項）による。また、後見裁判所の命令によっても行われうる（第1772f条）。これは養子縁組契約の取消しと合わされたものである。また、基本的な里子契約の取消し、子のための里子契約の取消しには特別な理由が必要とされた（1772f条）。その場合には後見裁判所が関与させられなければならなかった。

1929年法案に結実した法改正では、子の利益、実親の利益、里親の利益相互の比較考量が行われたと評することできる[51]。また、この比較考量は、親権法の原理原則、基本構造の理解を踏まえた優れたものであったということができる。

ところが、このときの法改正は実現しなかった。それは、他の問題の優先と議会の構成に第一の原因があったとされる[52]。

（3）小　　括

BGB立法時には民法上の制度としては採り入れられなかった里親里子関係は、BGBの立法理由で述べられていたように利用されていない制度ではなく、養子制度の要件に合致していなくても、また養子縁組の法律効果を伴わなくても、当時の養子制度がもっている非嫡の子や親から放置された子（その多くが非嫡でもある）の保護という機能をもつものであった。ところが、里親里子関係が実親＝親権者と里親との間で契約によって設定されても、BGB1632条の親権に基づく引渡し請求が行われると、結局、里親里子契約は、この引渡し請求に対抗できなかった。ここで問題となっているのは、長期の里親里子関係とその解消問題であった。

---

51) Salgo, Ludwig, Pflegekindschaft unt Staatsintervention, Verlag für wissenschaftliche Publikationen, 1987, S. 32.
52) Frank, a.a.O. (Fn. 45), S. 147.

　こうした問題に対処するために1925年草案とそれを修正した1929年の「非嫡出子と養子縁組に関する法律」草案が起草された。そこでは、財産法上の契約による、あるいは財産法上の契約の形を借りたものではない、家族法上の独自な契約としての里親里子契約（里子契約）を民法（家族法）上の制度として新設することが構想された。

　法案の眼目の一つは、親権中、身上監護権の保持者を実親から里親に変更することである。二つ目の重要な点は、里親里子契約は解消可能であるが、容易には解消できない仕組みになっているということである。里子の利益を確保するために、合意文書によるか、後見裁判所の命令によるとされている。後見裁判所の命令による場合には、里親里子関係の解消は里子の利益にかなわなければならないのである。里親里子関係の成立についても裁判所による文書または公証人による公正証書の作成によることとしている。

　民法上の親権中、主に身上監護権を里親に全面的に与えることによって、里親の私法上の地位を確立させることが企図されており、子が未成年の間の長期の養育関係を安定的に保障しようとするものである。これは別の観点から見れば、実親＝親権者の親権（身上監護権）の制限という問題でもある。

4　具体的紛争形態としてのプリミティブなタイプの判例

　BGB は里親里子関係を家族法上の制度として規定しなかった。しかし、里親里子制度はプランクが言うようにあまり利用されないものというわけではなかった。1929年法案の立法者は、この利用の実情を踏まえた法案を策定したといえる。民法に里親里子関係が規定されていないなかどのような形で問題が発生したのだろうか。ここでは、1912年のバイエルン最高裁判所での事例を詳しく見て、いわば古典的なタイプの判例紹介を通して、1929年法案の背景にあった事情を確認しておきたい。

　なお、ザルゴが著書 Pflegekindschaft und Staatsintervention[53] で、民法に里親里子関係が規定される前の参照しうる判例を選択して概ね年代順にイン

デックス的に挙示している。そこで挙示されている判例数は多く、出典箇所を見ただけでは事実関係等がわからない事例もある。全体の傾向としては、初期の事例がやはりドイツでの里親里子関係を議論するにあたっての原型的なものが多いといえる。また、ドイツ基本法（憲法）制定後は、基本法 6 条との関係を検討する必要がある事例が存在する。そこで、ドイツでの里親里子関係を議論するときの原点を探るという意味で、上記の 1912 年のケースを詳しく紹介したうえで、ザルゴの上掲書の該当箇所に示されている初期の判例のいくつかの内容を要約して列挙しておく。

〔1〕 1912 年 4 月 26 日　バイエルン最高裁判所決定　BayObLGZ 13, 260, Nr. 43

［事件の概要］
　靴屋の K 夫婦に 3 人の子がいるが、妻が 1903 年 4 月 14 日に死去した。夫 K は 1904 年に再婚し、3 人の子が生まれた。1898 年 1 月生まれの女児 A は生後 6 週で日雇い労働者夫婦の R に養育のために委託された。これは K 夫婦が毎日働きに出るので、子の教育を正しい仕方で行うことができないためだった。妻が死去した後も A は R 夫婦の下に留まった。里親である R 夫婦は、A をもはや手放したくないほど愛していた。A の父 K は、当初 1 年間は週 5 マルクの扶養料を R 夫婦に支払い、その後 3 年間は週 3 マルクを支払った。それ以後、K は扶養料を一切支払わず、一度 A に靴を与えただけだった。K が支払いをやめたのは、A を R 夫婦に完全に委ねて、もはや子の引取り要求をしないが、その代わりに子の扶養のための一切の義務を免れるという趣旨の R 夫婦との取り決めがあったためである。取り決めが行われたのが、K が主張する 1899 年か 1900 年なのか、R が主張する 1903 年なのかについては確認できない。K はこの取り決め以来、A の教育や面倒を一

---

53)　Salgo, a.a.O. (Fn. 51), S. 33, Fn. 34.

切見ることなく、一度もＡを訪問することもなかった。そうしたところ、
1911年にＫはＲ夫婦に突然自分にＡを引き渡せと要求し、Ｒ夫婦が応じな
いと、1911年11月6日に子Ａの引渡しを求める訴えを提起した。

　この訴えを受けて、Ｒは1911年11月18日に、後見裁判所であるニュル
ンベルク区裁判所に、ＫからＡに対する保護権を剥奪して、Ａが今後もＲ
夫婦の下に留まることを認める命令を出すことを申し立てたのが本件であ
る。申立ての理由は、Ｋは長年Ａの精神的・身体的福祉を気に留めなかっ
たのに、Ａが就労可能になったので娘Ａを自分のために利用したいという
理由だけで、Ａに対する権利を主張しているのだというのである。Ａ自身
は、Ｋのことを何一つ知りたがっておらず、Ａのところに帰ることに断固と
して抵抗しているという。

　ニュルンベルク区裁判所は1911年12月2日の決定でＲの申立てを退け
た。抗告も1912年3月1日にニュルンベルク地方裁判所によって却下され
た。抗告審裁判所は、Ａとの親密な人間関係が存在することを理由に、Ｒの
抗告権を認めはしたが、抗告を理由あるものとはみなさなかった。

（抗告審の判断）
　子Ａに対する監護権は、父Ｋの権限であり、この権利は民法第1666条の
要件が満たされるときにのみ制限されうるが、本件ではこの要件は満たされ
ていない。Ａが親の家に戻ることによって、その身体的・精神的福祉が危険
にさらされる根拠は存在しない。孤児委員やＫに好感を持っていないＡの
叔母の意見では、ＡはＫの下できちんと教育・養育が与えられるだろうと
いう。父ＫはＡが信頼できる人の下にいるということを知っていたこと、
Ｋの個人的事情が子の面倒見を一時的に不可能にしたこと、したがってＫ
の行動は許されうるものであって、愛情なき心情の証明とみなされてはなら
ないといったことが看過されてはならない。Ａと里親にはＫへのＡの引渡
しは過酷だと感じられることは認められうるが、これをもって子の身体的あ
るいは精神的福祉の危険とみなすことはできない。Ｋは、Ａを苦境に陥れな

かったし、またＡを苦境に陥れることによって第三者にＡの面倒を見ることを強いたわけでもない。Ｋは、Ａが良好に託置されていることを知っていて、もっと早く引渡し要求をするきっかけがなかったのだとする。現在提起されている引渡し要求はＫの権利濫用とはいえない。

　長年に及ぶＫの側でのＡの放任と、ＫがＡに対するあらゆる権利を放棄するとしたＲ夫婦との取り決めは、不名誉で不道徳な行為だという抗告人の主張も適切でない。Ａの放任は、本件の事情では許されるものだったのであり、Ｋに対して倫理的に損なわれた、不名誉な性格を推測させうるものは何もなく、それどころか孤児委員はＫにお墨付きを与えているという。したがって、ＫとＲ夫婦との間で交わされた合意は、それだけでは、子の精神的もしくは身体的福祉を危うくする不道徳で不名誉な父の行為というには不十分である。

　以上から、二重の意味で、民法第1666条の要件を欠いていて、抗告は理由がない。

　（筆者注）

　当時の1900年1月1日施行のBGB1666条（1958年7月1日に改正法が施行されるまで）

　第1項：父が子の身上監護権を濫用し、子を放置し、又は不名誉若しくは不道徳な行為をすることにより、子の精神的又は身体的福祉が害される場合には、後見裁判所は、その危険を回避するために必要な措置をとらなければならない。後見裁判所は、特に、子の教育のために、適当な家庭、または教育施設もしくは矯正施設に託置させることを命ずることができる。

　第2項：父が子の扶養を求める権利を侵害し、かつ、将来扶養が著しく害されるおそれがあるときは、父から子の財産管理および用益権も剥奪することができる。

　（再抗告理由）

　抗告審では民法第1666条が正しく適用されていない。抗告審での決定は

あまりに形式主義的で、子の利益を正当に評価していない。Kは14年以上前にAを見知らぬ人に委ねて、以来Aの面倒を見ず、突然現れて、子にとって好ましいものになった領域から子を引き抜いて、見知らぬ人の下に移すというのである。このことは、Aの年齢の子にとってはきわめて過酷なことである。抗告審裁判所は、Kの監護権剥奪をKにとってきわめて過酷な措置というが、その意味を理解することはできない。そもそもKはAのことをもはや何も知らないではないか。このような父は子に対する保護権を剥奪されても痛くも痒くもないが、抗告審が下したような逆の判断が子の生活に対して、考えうる最も深刻な干渉になるだろう。このような過酷なことが起きないように阻止することこそが、民法第1666条の目的である。Kは他の子どもたちは引き取ったにもかかわらず、AだけをR夫婦の下に置いたままにして、Aの面倒を見なかったということを看過することはできない。これはAに対するKの無関心の証である。KにとってこれまでにAを引き取る動機がなかったほど、Aが重要でなかったのならば、今になって突然提起された引渡し請求は、民法第1666条の適用を正当化する父の権利の濫用が存在する。子にとっては、父の行動に起因する重大な損害という理由ある心配が与えられているのに、この心配が現実のものになるかどうかをみるというのであれば、取り返しのつかないことが容易に起こりうるのである。

（最高裁判所の判断）

　破棄、ニュルンベルク地方裁判所に差し戻し。

（最高裁判所の示した理由）

　原審裁判所が理解している法的前提は適切である。すなわち、Aは彼女の父Kの親権に服しており、Aを監護する権利と義務、したがってAを教育し、その居所を指定し、彼女を違法に引き渡さない者に対して彼女の引渡しを求める権利は、父Kに属する。そして民法第1666条の要件が存在するときには、父は上記の権利を後見裁判所の介入によって制限されうる。原審は、上の要件は満たされていないとしている。

父が子をこれまで放任したという事実が、Rにより子が引き取られること
になって、子の精神的あるいは身体的福祉を危険にさらしたと簡単にいうこ
とはできない。子に対する父のこれまでの態度も、それだけをもって、不名
誉で不道徳な心情および懸念される子の危険を推定させるというわけにはい
かない。

　しかし、原審は、父の人格に、民法第1666条に基づく介入を正当化する
理由が存在しないということを確認するにとどまっていて、子の身上にどの
ような影響を及ぼすかということに踏み込んでいない。

　争いのない事実によると、Kには自分で世話をすることができず、生後間
もなくR夫婦に養育および教育を委ねた子がおり、以来その子の面倒を見
ておらず、公序良俗（民法第138条）に反する契約によってさえ、永続的に
子の引取りを放棄し、一度も父としての義務を果たしてこなかった。その結
果、Kは自分の子に赤の他人であるかのような態度をとり、Aが父ではなく
て、父のように自分を遇した抗告人Rを自分の真の父であるとみなす原因
を作ったのである。Aは、14年間自分の面倒を見ず、監護を他の人に委ね
た父に対して、自分が好きになって心地よく感じている人たちの集団から正
当な理由なしに自分を引きずり出して、自分には未知で不承不承でしか入っ
ていかない環境に無理やり押し込めないよう、正当に要求しうる請求権を求
めたのである。父がAの引渡し請求について納得のいく理由を申し立てる
ことができないので、父の要求は私利私欲からなされているという推測が当
然なされる。父の従来の態度からすると、子の引渡しを要求しているのは、
突然父としての義務を思い出しただけであって、子が今や労働能力を獲得し
て、その稼ぎによって他の家族をもっと楽に養えるよう、父の一助にさせた
いという理由からではないということは簡単には受け入れられない。父は、
娘に安定した将来を提供できるということもできない。父は週15マルクの
収入を得ていて、この収入で7人の家族を養っていかなければならない。こ
れまで十分な生活環境で成長したAは、彼女が8人目として父の家族に加
われば、彼女は不自由の多い将来を迎えることになるだろう。Aが必要もな

いのに、これまでの良好な生活環境から引き抜かれて、危うい将来を迎えに行かされていいのかどうかということも本件の判断に当たっては考慮されねばならない。父の要求の倫理的契機がよくわからない本件は、父の私利私欲だけが基準になっているという疑義が存在する。

　子の身上監護権は——親の用益権とは違って——、親のために親に与えられているのではなくて、親は子のためにだけこの権利をもつ。子の身上監護権は親の権利であるだけでなく、親の義務でもある。だから、子の利益が、子の身上監護権の行使にあたっては基準になるのである。もちろん、父は、子がその家族で教育されあるいは扶養されるときには、民法第1617条にしたがって、子が無償で親の家庭で奉仕することを求める権利をもっている。しかし、子の労働や奉仕を求める権利は、親の家での子の滞在の結果であるにすぎず、逆に、子が親に奉仕するために、子が親の家に滞在することを求める権利を親がもつわけではない。子が親の家に滞在せねばならないのかどうかは、もっぱら子の利益にしたがって決定する。この問題の判断のためには、子が父に奉仕するために親の家に滞在するという父の利益は意味を持たない。

　父は、子の引渡しを求める権利を子のためにのみ主張していいのであって、自分自身のために主張してはならない。父が、子の利益に反して子の引渡しを要求するときには、父は子の身上監護権を濫用しているのである。この視点は、原審地方裁判所が、保護権の濫用を否定した時、正しく評価されなかったのである。

　子の精神的福祉の危険について、原審は、民法第1666条の目的を正当に評価していない。原審が想定しているように、Aは父の下できちんとした養育や教育を受けられるかもしれないが、それで事が済むわけではない。里親との別離と自分の意思に反して行われる父の家庭への移動が、Aの心情にどんな影響を及ぼさざるを得ないかも考慮されなければならない。原審は、里親との別離によって引き起こされる苦痛を民法第1666条でいう危険とはみなしておらず、自分は自殺するかもしれないというのは子の脅しであって、

軽はずみで真に受けられるべきでない意見であるとしている。ただし、経験が教えるところでは、思春期初期の子が、このような脅しを実行に移すことは稀ではない。この種の脅しに決定的な意義が付与されてはならないが、里親との別離が与えるにちがいない苦痛だけではなく、父の家庭への強制的な組み入れの影響も顧慮しなければならない。Aは、里親との別離の克服後、早急に新しい環境に順応する子ではなく、非常にはっきりした自分の意思を持っている年齢になっている。Aは、行為の内容によっては、父には単に好意を持っていない態度をとるだけではなく、反感を示してもいる。このことは、Aの継母に対してはもっと当てはまるであろう。

　Aの引取り要求がその異母兄弟姉妹を育てる手助けのためにのみ、乳児期から親とみなしてきた人たちから引き離されるのであれば、彼女の新しい環境に対する激しい憎しみとそれを許した国家機関（裁判所）に対する不快感が最終的な帰結になろう。原審は、以上の諸点がAの精神的福祉の危険といえるのかを考慮しなかったのである。

　〔2〕　1916 年 12 月 30 日　バイエルン最高裁判所決定　BayObLGZ 17, 256, Nr. 78

　4 歳の子どもを十分に監護するつもりのない親による子の引渡し要求は、身上監護権の濫用になる。自分の職業活動のために一日中家にいないため、子の面倒を適切にみられないほか、母親と子の共同生活ではベッドでの添い寝などを通じて病気の感染の危険があるという。恋人の母親の下にいる子の引き取りを要求した事例。

　〔3〕　1920 年 4 月 16 日　バイエルン最高裁判所（判断の種別不明）　Das Recht 1920 24Jg. Nr. 2439

　子に対する愛情なき発言をしながら、母親が里親に対する悪意だけから子の引渡し請求をする場合、母親のこの要求には、保護権の完全なあるいは剥奪の引き金にされているような権利の濫用がある。

〔4〕　1925 年 4 月 24 日　シュトゥットガルト上級地方裁判所決定

Jahrbuch für Entscheidungen in Angelegenheiten der Freiwilligen Gerichtsbarkeit und das Grundbuchs, 3, Nr. 64, 6

　12 歳の非嫡の生まれの G 女は、母方の祖父のところに託置されていたが、9 年前から子のいない H 夫妻の下で生活している。H 夫人は戦死した G の父の妹（あるいは姉）である。H 夫妻はプロテスタントだが、G と G の母はカトリックである。夫の H 氏は、1919 年から G の後見人である。G の母は 1920 年から結婚生活を送っていて二人の子がいる。G を養子にしたいという H 夫妻の試みは、G の母の反対にあって養子にできなかった。最近になって、G の母は後見裁判所に G の引渡しを命じるように申し立てた。申立ては却下された。母の再抗告に対する決定が本決定である。

　自分になお責任のある非嫡の子が、長年里親の下で良好に託置されているときに、その子を自分の家庭に移させよという母の要求は、身上監護権の濫用になりうる。母とその子が、里親とは別の信仰に帰依する場合でも、固有の信仰での子の教育が、そのために行われる保護人の任命により保障されていると考えられるかぎり妥当する。

〔5〕　1925 年 5 月 22 日　バイエルン最高裁判所決定　BayObLGZ 24, 187, Nr. 78

　K 男は H 女と婚姻し 4 人の男子が生まれた。1922 年にこの婚姻は破綻し解消した。1919 年にはすでに K は H と子どもたちを遺棄して別の場所に住居を得て、独身の B 女と非婚生活共同体で生活している。4 人の男子のうち最年長の子は、区裁判所の決定により教育施設で補導されている。年少の 3 人の子は母方の祖母の下で養育・教育されている。これは母 H が子の養育・教育をできないうえ、そのためには不適格だったからである。3 人の子には保護人が選任された。1924 年 9 月 22 日に K は B と婚姻した。K は自分に 3 人の年少の子を引き渡すように求めた。これは 3 人の扶養料を支払い続けることが難しかったからである。子どもたちの母と祖母はこの申立てに

反対した。祖母は、K から子どもたちの居所決定権を剥奪するように申し立てた。

裁判所は、子どもたちが現在の教育者の下で良好に面倒を見られている一方で、子どもたちの身体的および道徳的福祉の危険を取り除くという仕方で、子どもたちを受け入れる可能性が父にない（家が狭すぎる）のに、子どもたちの引渡しを要求するときには、民法第 1666 条でいう父親の監護権の濫用が存在するとした。

〔6〕　1928 年 1 月 20 日　バイエルン最高裁判所決定　BayObLGZ 28, 61, Nr. 28

自分の妻の母親のところで妻と一緒に暮らしていた技師 M は、別の場所に住宅を取得して、自分の子どもを自らの手元に置いて、その面倒見は自分の姉妹に見てもらおうと考えている。M 夫人は、自分の母親のところに居続けるので、そこに子どもを留めおきたいと思っている。この M 夫人の訴えが退けられた事件についての再抗告審が本件である。

バイエルン最高裁判所は訴えを理由なしとして却下した。

第 1666 条の要件について、証人により M は、自分の子どもを愛するきわめて勤勉な夫であると確認されている。したがって、父である M が子どもを自分の膝下に置きたいという要求によって子に対する身上監護権を濫用しているのかどうかが問題になる。この点について、子の引渡しを求める父母の一方の権利主張には、子が疑いもなく良好で、子のために良い生活環境から、劣悪で子にとって有害な生活環境に連れて行かれることになる場合、および例えば子の福祉を顧慮せずに子の引渡しを、自分の言うことに従う父母の他の一方に強いることになる場合にのみ、身上監護権の濫用が存在するということで判例は一致している。原審（地方裁判所）も同じ認識で、事実関係を正しく評価して、以下のことを確認した。すなわち、父は母を傷つけるためや連れ戻すために子を手元に置きたがっているのではないということ、子が連れて行かれる先の生活環境は、少年局の調査によっても、子にとって

の不利益の懸念はないと。これに対して母だけが子どもを守ることができ、母に別居生活を許容する仮処分が見込まれ得るという異議は、結論を変えるものではない。母自身、重度の神経症であると主張しているので、祖母またはおばが一緒に子の面倒を見るかどうかは、大きな違いを生まない。他方、子は教育上の問題も重要になる4歳に近づいており、父が教育を引き受けて、自分の姉妹と一緒に教育することは、子にとっては大きな利益になる。原審で父が子を放任していなかったことは確認されている。

〔7〕　1933年12月20日　バイエルン最高裁判所決定　BayObLGZ 33, 402, Nr. 91

　婚姻から生じる義務の重大な違反を理由とする夫の一方的な故意過失により婚姻は解消された。1926年7月26日生まれの子は婚姻解消後は母により教育された。1932年8月6日に子の母は死亡し、子の養育は、母方の祖母により行われている。父は様々な経緯があり、失業して無資産である。子は、長年にわたり祖母により心を配った面倒を見られていて、そこでの生活環境が子にとって好ましいものになっている。こうした環境と緊密に結びついた子に対して、自分できちんと面倒を見ることができないのであれば、父が子を自分の下に引き取りたいというのは、父親の監護権の著しい濫用である。

　この事件では、BGB第1666条2項により父親は、財産管理権も剥奪されている。財産管理権は、それが剥奪されるときに子が管理を必要とする財産を有していることを前提にしていない。例えば、将来子が財産を獲得する見込みがあるならば、将来の財産が、子に対する扶養義務を果たさなかった父親の管理から取り上げられるとしても第1666条2項の目的に反するものではない。

　（小　　　括）
　BGB施行後の里親里子関係をめぐるドイツでの法的争訟は、いわゆる私

的里親と親権者である父の民法上の親権をめぐる争いである。親権をめぐる
争いといっても里親は非親権者であるので、争訟の形式としては親権者によ
る親権の濫用を問うものである。最も典型的なのは、法的あるいは形式的に
は親権に基づく子の引渡し請求が親権者から行われるとき、その引渡し請求
が親権の濫用であるとして争うというものである。子の引渡し請求の濫用性
が問題になるときというのは、多くの場合、里親による子の養育関係が長期
に及んでいるときである。

5 1979年の配慮権法による里親里子関係の民法への規定

（1） 親権濫用条項の枠内での里親里子関係の法的保護の動き

里親里子関係を民法上の制度として位置づけようという議論は、第2次世
界大戦後も行われていた[54]。1951年には、ベルリン中央少年局が基本的には
1929年法案に基づく法律案をまとめた。これに対して、長期里親里子関係
を民法上位置づけて、里親の法的地位の確立もしくは強化には反対の意見も
存在した[55]。

54）　Tirey, a.a.O. (Fn.36), S. 93f. ; Frank, a.a.O. (Fn. 45), 147f.

55）　例えば、zur Nieden, Margarete, Das Adoptionswesen (Fortsetzung und Schluß),
　　Jugedwohl 1951, S. 121ff. 家族法に長期養育契約制度を規定することに反対する
　　理由として次の点が挙げられている。すなわち、養親の法的地位への里親の法的
　　地位の望ましくない接近、養子縁組からより都合のいい里親制度の利用へという
　　流れの出現、新しい手続きによる役所の過重負担、離婚夫婦の子の緊急対応に匹
　　敵する新たな緊急対応領域の出現等である。zur Nieden, Forderungen zur
　　Neugestaltung der Adoptionswesens, 1951, S. 24ff. も同旨。また、Klein, Der
　　Dauerpflegevertrag, Jugendwohl 1951, S. 226ff. も、長期養育契約の制度化には反
　　対する。ベルリン中央少年局案が「以前の身上監護権者の監護権が停止している
　　間、法定代理を含む身上監護権の行使を里親に委ねる」養育契約導入を提案して
　　いるのに反対している。このような長期養育契約は、監護権者が教育義務を自ら
　　免れるための免許状になるという。監護権者＝親の教育義務には、子の教育請求
　　権が対置されるのであり、監護権を委譲するというのは基本法（6条）を改正し
　　なければできないという。

　1973 年には、少年福祉法の改正議論の中でも、養育関係の創設について、書面により、1 年以上に及ぶ養育契約は後見裁判所の許可を得るとするとか、里親の権利および義務（身上監護権を里親にではなく、少年援助の担当者に移す）、養育関係の終了した里親里子関係を位置づけること等が提示されたが、基本的には、実親の恣意的な子の引取り要求に対して、BGB 第 1666 条により里親を保護するということが問題になっていた[56]。

　実際に民法に初めて里親里子関係に関する条文が設けられたのは、1979 年 7 月 18 日の「親の配慮の法の新規整のための法律（Gesetz zur Neuregelung des Rechts der elterlichen Sorge）」[57]によってであった。この法律は 1980 年 1 月 1 日に施行された。この改正法により「親権（elterliche Gewalt）」という用語は廃され、「親の配慮（elteriche Sorge）」とされた。また、子の福祉が危険にさらされている場合、親の責めに帰すべき過失の存否とは無関係に後見裁判所が援助介入を行えるようになった。

　里親里子関係の法的保護については、これまで見てきたように、長期間継続しているときに、親権者による引渡し請求（里親里子関係の解消）に対応できない、つまり、親権者対無権利者である里親の構図の中で、当該引渡し請求が親権の濫用であるということで争われてきたことから、BGB 第 1666 条の改正の中に組み込まれて提案がなされた[58]。

　「16. 第 1666 条は次ように変更される。:

　a）第 1 項は次の文言を与えられる。

　（1）子の人格的福祉が危険にさらされ、かつ親がその危険を阻止する意思がない、もしくはその状況にないときは、後見裁判所は必要な措置を講じることができる。後見裁判所は、子の人身にとっての危険の阻止のために必要

56）　Thirey, a.a.O. (Fn. 36), S. 94.；Frank, a.a.O. (Fn. 45), 147f.

57）　BGBl. 1979, I, S. 1061.

58）　Entwurf eines Gesetzes zur Neuregelung des Rechts der elterlichen Sorge vom 2. Mai 1974, BT-Drucks. 7/2060, S. 28f.

なときには、親、親の一方または子の必要な意思表明を代わって行うことが
できる。」

　この文言により、里子の保護も行うというのがこの段階での理解であっ
た。その点について草案は次のように言う。

　「9. BGB-E 第 1666 条 1 項の拡張されかつ客観化される新文言の利益は、
とりわけ、里子の強化される保護の点にある。というのはこうである。これ
までは親の［子の］返還請求が重大な義務違反であるときにのみ、BGB 第
1666 条 1 項でいう身上監護権の「濫用」が承認されていた（vgl. OLG Köln,
FamRZ 1971, 182）が、今後は、子の損害になる親の引渡し請求の場合には
──とりわけ長期間の養育関係の場合──、適切な措置を講じることができ
るからである。親が自分の訪問権を行使して、養育場所に託置されている子
の発達を妨げるときにも、草案によると、子は今までよりうまく保護され
る。」

　この Drucks. 7/2060 の段階では、従来、親権に基づく子の引渡し請求権
が濫用的に行使されているかどうかが問題になった経緯を踏まえた改正提案
と位置づけることはできるが、里親とか里子という用語が法文上明記された
わけではなかった。条文の文言を里親に対する子の引渡し請求権の濫用的行
使の場合にも適用できるという解釈が示されたものと評することができる。
1977 年 2 月 10 日の SPD（ドイツ社会民主党）と FDP（自由民主党）提出の法
案も、直接里親あるいは里子という文言は条文に表れていない。第 1666 条
に関するスタンスも 1974 年の Drucks. 7/2060 と同じである[59]。

　（2）　里親里子関係の法文への取り込み──「社会的親子関係」・「心理学的

---

[59]　Fraktionsentwurf von SPD und FDP vom 10. Februar 1977, BT-Drucks. 8/111, S.
13.

親子関係」の重視

　選挙期をまたいで長年行われてきた立法過程の終盤になって、里親、長期養育関係（里親里子関係）に関する条文を民法に置くことが提案された[60]。すなわち、連邦議会の法務委員会は、1979 年 4 月 27 日の決議案（Beschlußemp-fehlung）で、第 1630 条 3 項、第 1632 条 4 項、非訟事件手続法第 50c 条を提案した。具体的には以下の条文がそれである。

　BGB 第 1630 条 3 項
　父母が相当長期間子を家庭養育に委ねるとき、後見裁判所は、父母の申立てに基づいて、親の配慮の事項を養育人に委譲することができる。

　BGB 第 1632 条 4 項
　子が相当長期間家庭養育で生活しており、かつ父母が子を養育者から引き取りたいと考えている場合、後見裁判所は、特に家庭養育の動機および期間に鑑みて、そのような命令のために第 1666 条の要件が満たされており、かつその限りで、職権で、または養育人の申立てにより、子が養育人のもとに留まることを命じることができる。

　非訟事件手続法第 50c 条
　子が家庭養育で相当長期間生活している場合、裁判所は、問題の解明が期待できない場合を除き、子の身上に関するすべての事項について養育人の意見も聴取する。

　これまで里親里子関係という文言が民法に登場することはなく、里親による里子の長期にわたる養育は、実親による引渡し要求が親権濫用に該当するかどうかということで論じられてきた。また、基本法の親の権利条項との関

---

60)　BT-Drucks. 8/2788.

連でもその方が憲法に適合すると考えられたと思われる。

　それでは、なぜ立法手続きの終盤になって里親里子関係が「家庭養育」という文言で直接民法に規定されるようになったのだろうか。

　1977年3月17日の法案の第一読会の後、連邦議会は、法案を法務委員会と共同審議のために、連邦議会の「少年、家族および健康委員会」に送付した。法務委員会は全部で24回の委員会を開催し、1977年9月に専門家からの公聴会を開催した。公聴会では、ソーシャルワーク、司法、法律学、児童心理学、小児科学、児童・青少年精神医学の領域の専門家の意見が聴取された[61]。そこでは、これまでの法案審理と異なり、とりわけ、少年援助（児童福祉）の専門家から、改正される前の旧BGB第1666条では、長期間継続した里親里子関係に関する問題を解決することは困難であるという指摘がなされた。公聴会でも意見表明をしたBaer（Baer, Ingrid）の論考から、新第1632条4項および第1630条3項の意義を見てみる[62]。

　そのうえで、1979年4月27日の決議案（Beschlußempfehlung、Drucks. 8/2788）で示されている立法理由を確認する。

①　Baer の見解

　1978年の研究によれば、ドイツの里子は、短期養育も含めて全体で実親との人的交流を持っているのは3分の1以下であり、長期里親の場合はその割合はもっと少ないだろうという。子どもが大人になるまでの長期間、個人の家庭で成長する法形式としては養子縁組が存在する。養子縁組は子を養育する家庭の子という身分を与えるので、実親からの取戻しという問題は生じない。養子縁組は必ずしも常に可能なわけではないし、すべての関係者が望んでいるとは限らない。例えば、里親が里子と養子縁組を行うと、少年福祉法（当時。Jugendwohlfahrtgesetz。1991年からは社会法典第8編の児童ならびに少

---

61)　Salgo, a.a.O. (Fn. 51), S 72f.

62)　Baer, Ingrid, Die neuen Regelungen der Reform des Rechts der elterlichen Sorge für das „Dauerpflegekind", FamRZ 1982, S. 221ff.

年援助法・Kinder- und Jugendhilfegesetz に改正。) に基づき養育扶助費・養育手当 (Pflegegeld) を請求できるが、養子縁組を行うとこの費用は養親の自己負担となる。里親に実子がいる場合には、経済的に里子を養子縁組する準備が整わないことがあり、それは無理からぬことである。長期の里親養育を「有償の養子縁組」だとして、法的保護を与えるべきでないという批判が少年福祉ではしばしば行われるが、これは正しくないという。里親による養育が行われなければ、子どもははるかに費用のかかる施設養育にならざるをえないからである。

　実親がまったく子に関心を示さないわけではなく、子も実親と重要な人間関係をもっているけれども、実親の下での養育を行うことができないケースでも養子縁組は敬遠される。

　ここで示したような長期里親養育には、里子が「社会的家族」に留まるための法的保証を与えるために立法的対応が議論されてきたのである。里親制度では、里親による子の養育は、長期養育の場合であっても、実親の下ではない場所での一時的な受入れというように擬制されてきた。法的な視点からは、実親の情況が多少なりとも改善されたときには、子の実親の下への帰還・連れ戻しが、唯一正しい、行われるべき解決策であるとみなされてきた。養育家庭で生活している間に獲得された「社会的」・「心理学的」家族での子の生活共同体は保護されてこなかった。たとえ実親が長年にわたって子の面倒を見ていなかったとしても、子は常に実親の下への起こりうる引っ越しのための準備をしていなければならなかった。仮に多くの場合に子がそのような引っ越しを望んでいなかったとしてもである。

　しかし、このような引っ越しは子にとっては理解できないことであって、このことにより感情的安定を求める子の基本的欲求が侵害されることから、ただもう子が極めて不安的な状態にされるだけなので、里親は、子を実の家族に「移送」することに対して留保する「道義的な義務」を与えられるに至ったのである。

　親子関係は生物学的なつながりだけで決まるわけではないという結論に至

るまで数十年間かかったというのである。里子は、実父母の愛情の欠如により傷つけられていたり、さらには虐待、ネグレクトの経験、施設での滞在または関係人の頻繁な交代によって疎外された経験をしていることが多い。それゆえ、かれらにとっては、里親との間で獲得された、感情の上でのまた社会的関係という点での持続性と信頼性は、今後生きていくために必要なので、実親からの引渡し請求から保護されなけばならないという認識が認められてきたのだという。

　もちろん、少年局が、実親に子の情況についての理解を呼び起こすこともある。つまり、子が養育家庭で安定した家庭を見出すことができ、この新しい家庭での安定は、子の健全な精神的発達のための前提条件であるという理解を得るということである。とはいえ、これとは事情が反対であることも珍しくない。

　実親自身が、例えば精神病、アルコール依存、幼年時代の欲求不満等を抱えていて、自分の子の面倒を見ることができないことについて、自分自身を咎めることが珍しくない。数年間、子の面倒を見ない、あるいは世話を拒絶していても、子を引き取ることによって、自らの懈怠を償うことができると考えるのだという。この結果、実親は、ようやく子がたどり着いた健全化のプロセスから子を引き離すことになる。また、実父母自身にとっても、子がかなり前に実父母から離れて成長したのだということ、実父母にとっては馴染みのない我が子のことで手を焼くことになるだろうと認識していないのである。

　養育委託をしたときには、BGB 第 1666 条による配慮権剥奪の要件が存在しないので、形式的にはなお実父母は数年たっても完全な配慮権をもったままということが珍しくない中で、「心理学的な親」からの引取りに対して子を保護するために新設されるのが BGB 第 1632 条 4 項だという。そして、この条項を、里親に身上配慮事項を委譲する可能性を開くことにより補充するのが BGB 第 1630 条 3 項だという。

②　1979 年 4 月 27 日の決議案（Beschlußempfehlung、Drucks. 8/2788）で示された立法理由について、親権法から親の配慮法への変換を行う改正法案の重点項目の一つとして挙げられた「Ⅲ 5．里子のよりよい保護」（Drucks. 8/2788 S.40）では以下のように述べられている。

「長期養育場所にいる子の福祉は、その子の実親が、都合の悪いときに、この養育場所から子を引き取ることによって危険にさらされうる。しかも取戻しは別の理由からも子の福祉を危険にさらしうるのである。法務委員会は、共同審議している、少年、家族および健康委員会と一致して、上記のような場合には、提出される法案の枠内で、特別な保護規範が創設されねばならないという見解で合意している。

　この場合、なるほど実親はその身上配慮権を行使している。しかし、子が自分の実親と疎遠になっており、そして養育家庭で自分の関係する世界（Bezugswelt）を見い出していて、不時の引取りにより、子の身体的、とりわけ情緒的福祉が危険にさらされるであろうと思われるときには実親の身上配慮権は後退せねばならない。その他の事情も、養育関係の保護の原因になりうる。それゆえ、法案の第 1632 条 4 項によって、後見裁判所は、民法第 1666 条 1 項 1 文の要件が、とりわけ家庭養育の動機と継続期間の点で肯定されうる場合にかつそのかぎりで、養育家庭での子の滞留を命じることができる。子の福祉の危険についての親の態度とその原因の判定にあたっては、引渡し要求だけではなくて、養育家庭での受け入れあるいは親子間の疎遠に帰着した親の以前の態度が顧慮されなくてはならない。

　養育関係の適切な時点での保護にとって重要なのは、養育者自身に後見裁判所への申立権を付与するということである。職権に基づき危険を回避する権限を有する機関とならんで、養育人は、これにより、子に養育場所からの移動に由来する危険が差し迫っている場合には自ら行動できるのである。このことと新たに創設された、養育者を手続き上聴聞するという非訟事件手続法での裁判所の義務づけによって、子の保護と子を引き受けた養育者の尊重

は著しく強化される（後略）。」

　次いで、関連する各条文の立法理由を確認する。
　第 1630 条 3 項については次のように説明されている。

「［第 1630 条］第 3 項は、法務委員会によって新たに法律に挿入された。
この規定は、親の意向で家庭養育されている子が、里親によって適切に面倒
を見られるように保証するためのものである。両親の要請により、後見裁判
所は、養育に関する事項を養育者に移管することができるようにするもの
で、それにより養育者は、その限りで保護人の権利と義務を付与されるもの
である。こうすることで子の日常的な世話が可能とされる。例えば、急遽医
師にかかることを判断しなければならないときである。この規定は、里子の
地位を改善するという緊急の要求に応えるものであるが、里親里子関係の包
括的な新規整を先取りするものではない。」

　中心的条文である第 1632 条 4 項については次のように記されている[63]。

「少年、家族および健康委員会が、すでに詳細に里親里子関係の問題に取
り組んでいた。同委員会は、長期養育関係の場合に、民法第 1632 条の補充
により、子の引渡しを後見裁判所の決定に委ねるということを推奨すること
を決定した。法務委員会は、少年、家族および健康委員会の提案を受け入れ
た。しかしながら、法務委員会により提案された規定によると、子の返還義
務は、後見裁判所の決定に委ねられないものとされている。このような規定
では、親の権利に過度に強く介入することになるだろう。委員会の多数意見
は、現時点では、親により要求される子の引渡しが、第 1666 条 1 項 1 文で
いう子の福祉の危険に帰着すると思われるために、正当でないかどうかに関

---

63)　BT-Drucks. 8/2788, S. 52.

する裁判所の決定を得る権利が養育者に認められるということで十分だとみなしている。このことによって、養育家庭にいる子の実親が、里親からの不時の子の引渡しを求めることにより子の福祉を危険にさらすことが回避されるものとしている。本規定に含まれる民法第1666条への参照指示が、親の権利への介入は、この規定に挙示された狭い要件の下で許されるということをもたらす。裁判所の決定の際には、家庭養育の動機と継続期間が顧慮されなくてはならない。というのは、このことから、養育関係の終了が子の福祉を危険にするのかどうかについての本質的な視点が明らかになりうるからである。本規定は、一方では里子の保護を保障する。他方でこの規定は、里親里子関係の包括的な新規整に手を伸ばすものではない。」

　この立法理由では、少数意見についての言及がされている。少数意見は、親（配慮権者）による子の引渡し請求権を制限することに対する慎重論であり、基本法第6条2項との整合性を考えるとともに、親の配慮権という私法上の固有の身分権を侵害することに対する懸念であると言える。この懸念は、近代市民国家と近代憲法の原理原則という視点から見ると、重要な点である。少数派は、独自案を提案したが、その提案を危険のないものであるとみなしていた。里子保護には賛成で、必要であると考えるが、多数意見の法案は、実親の権利に対して過度に介入しすぎているという趣旨である。このため、委員会の少数意見を持つ委員は、当初、里子の保護を推進していたが、委員会での採決を棄権した[64]。

---

64)　BT-Drucks. 8/2788, S. 40, S. 52f.
　　少数派の提案した法案は次のものである。
　⑴　未成年者が、身上配慮権者の同意または〔BGB〕第1666条の後見裁判所の命令に基づいて、相当長期間他の人物または家庭に養育のために委ねられているとき、後見裁判所は、身上配慮権者の申立てに基づき、養育のための里親を任命し、かつその義務の履行のために必要な活動範囲を定める。その場合、後見裁判所は、身上配慮権者の指示を考慮しなくてはならない。身上配慮権者は、〔BGB〕第1666条の後見裁判所の命令に基づく託置に従い、身

非訟事件手続法第 50c 条の立法理由は次のとおりである[65]。

「民法第 1632 条第 4 項（第 1 条第 8 号）の基礎となる考慮事項との関連で、法務委員会は、裁判所に特別な事例で子の養育者の聴聞を義務付けることが適切であると考えた。……養育者は、子の世話をしていることから子どもの状況について特によく知りうるのである。したがって、そのような知り得た情報の活用は、より良い意思決定に資する。それゆえ、法務委員会によって新たに挿入された第 50c 条は、裁判所は、養育関係が長期間存在するとき、身上配慮の問題を決定する前に、原則として養育者の意見も聴聞しなければならないと規定している。これに伴い創設される聴聞義務は、新しいドイツ民法第 1632 条第 4 項に規定される、より狭い範囲を超えるものである。というのは、身上配慮に関するすべての事項に関わるからである。非配慮権者である方の親の聴聞と同様に、裁判所は、事態の明確化が期待できないときにのみ聴聞を行わなくてもよい。

　このことにより、職権による、事実関係の調査への裁判所の義務の具体化を法務委員会は、意識的に、財産配慮事項にも広げなかった。このような事項については、養育者にも特別な専門知識を典型的には期待できないので、本条での適切な聴聞の根拠として、養育者にも非訟事件手続法第 12 条の一般的な規範で十分である。同じことは、養育関係がようやく短期間存在する事例にも当てはまる。

　法務委員会は、非訟事件手続法第 50c 条の採択を一致して勧告している」。

65）　BT-Drucks. 8/2788, S. 74.

　この改正によって BGB 制定後初めて里親里子関係に関する条文が民法に規定された。それが、BGB 第 1630 条 3 項と第 1632 条 4 項である。これらの規定を手続法の上で補完する非訟事件手続法第 50c 条も新設された。

③　最 終 修 正

　1979 年 5 月 9 日に CDU（キリスト教民主同盟）と CSU（キリスト教社会同盟）により、連邦議会に提出された修正提案によって、第 1632 条 4 項の文言のうち、「家庭養育の動機および期間」が「家庭養育の動機または期間」に変更された。これは、実親からの子の引渡し要求を制限する要件を緩和したことになる。

　以下が、1979 年の新配慮権法での第 1632 条 4 項の最終的な文言である。

　　「子が相当長期間家庭養育で生活しており、かつ父母が子を養育者から
　　引き取りたいと考えている場合、後見裁判所は、特に家庭養育の動機ま
　　たは期間に鑑みて、そのような命令のために第 1666 条の要件が満たさ
　　れており、かつその限りで、職権で、または養育者の申立てにより、児
　　童が養育者のもとに留まることを命じることができる。」

(3)　1984 年 10 月 17 日　連邦憲法裁判所決定[66]

　1979 年の法改正により民法に第 1632 条 4 項をはじめとする里親里子関係に関する規定が初めて盛り込まれた。その後も里親里子関係に関する民法上の議論や改正は継続しているが、本書では、1984 年 10 月 17 日の連邦憲法裁判所決定の概要を示すことをもって、ひとまずドイツの里親里子関係（制度）についての歴史的分析に一区切りつけることとする。

　本件は、1979 年 4 月 1 日生まれのユーゴスラビア国籍の両親を持つ子 A

---

66)　BverfGE 68, 176.（BVerfG 1, Senat, Beschluß v. 17.10.1984 — 1 BvR 284/84）

の委託措置が問題になった。Aの両親は法律上の婚姻を行わず、非婚共同体で生活していた。1980年秋からAは、昼間は託児所に預けられていた。その託児所でAは、10月初旬に風邪で発熱しているのが見つかって、そのまま託児所から病院に入院させられた。このような状態であったにもかかわらず、両親は仕事の都合からAを託児所に預けたのだった。

　翌年1981年1月、Aは退院したが少年局は、直ちにAを里親家庭に預けてしまった。なぜ預けることが可能だったかというと、少年局は、Aの入院中に、母の権限の一部である居所指定権を、民法第1666条1項1文に基づいて剥奪していた。実親は、自らの意思に反する養育家庭への託置を争ったわけである。

　本件では、少年局は、養育家庭にAを託置する前にAの実親に十分な援助を行わなかったという点、Aが養育家庭に託置されるときには民法第1666条1項1文の要件が存在しなかったということが問題になった。つまり、元々は養育家庭に託置できないはずだったケースであるのに実親からの子Aの引渡し請求を拒絶できるのかというのである。

　これに対して、連邦憲法裁判所の判断は次の通りのものだった。すなわち、民法第1632条4項は、長期にわたり継続している養育関係の結果として、里親里子間にしっかりした結びつきが確立したことを前提にしている。このような結びつきが確立したときには、養育家庭も基本法6条1項1文により保護される社会的意味での「家族」だという。したがって、養育委託のときに、第1666条1項1文の要件が存在していなかったとしても、子が養育委託されたときに、実親への引渡しにより子の身体的・情緒的健康への重大かつ後々にまで影響を及ぼすような持続的損害が見込まれるのであれば、養育期間が長期に及んでいるだけで里親の下での滞留を命じることができるとしたのである。

　この決定で、養育家庭も基本法第6条1項の保護対象である家族であることが明らかにされた。

（小　　　括）

　本節で扱ったのは、1979 年の親権法を改正して親の配慮法制定に向けて、里親里子関係を民法に規定することに向かって大きな動きがあった時期である。第 2 次世界大戦後の里親里子関係をめぐる法改正に向けた議論が始まった時（1950 年代初め）からとすると約 30 年に及ぶ時期になる。

　この時期の議論の特色は、大きく分けると三つあると考えられる（順不同）。

　一つ目は、里親による長期養育（長期もしくは恒久的里親里子関係）を念頭に置いて、そこでの子の福祉を守るための議論は、第 2 次大戦前から引き続いて行われていた。この議論がずっと行われているということは、長期里親養育の場合での実親による子の引取り請求問題というのが存在し続けていたのだということができる。この問題に対処するための新制度の設計は、親権の大きな法的効果の一つである子の引渡し請求権をどう抑制するかという視点でなされていた。このため、民法第 1632 条に規定されている子の引渡し請求権をいかに抑制するかという工夫がなされた。これは伝統的に民法第 1666 条に規定された親権制限規定の要件に実親からの子の引渡し請求が親権濫用として該当するという法律構成が取られた。また、里親が委託された子を養育する権限は何なのかという問題も議論され続けていた。そして、里親が委託された子を養育する法的根拠を財産法的な契約によるのでは、不当な子の引取り要求を防止できないということが自覚されるに至っていく。

　二つ目は、「社会的」親子関係とも「心理学的」親子関係ともいわれる関係が重視されるようになったことである。虐待、ネグレクト、精神疾患等により厳しい体験をしてきていることが稀ではない里子が養育家庭での長期的・恒久的養育により、養育者たる里親と良好なつながりをもつに至ったところで、実親からの引渡し請求が行われるときにどう対処するのかが問題になった。実親には実親側の事情があって子の引渡し請求を行うとしても、子の福祉を害することになると判断される場合には、実親側には故意・過失がなくても親の配慮権の制限理由になるというように配慮権制限制度も改正されるに至った。

　三つ目は、基本法（憲法）との関係である。子の福祉の確保のためという理由で親の権利に過剰に介入して、親の権利を不当に制限してしまうことはできないという要請が存在する。1979 年法の制定過程における法務委員会での少数意見と多数意見の対立は、この点をめぐるものだったということができる。さらに基本法との関係でいえば、養育家庭自体が基本法 6 条 1 項で保護される対象なのかどうかという問題である。これに対して、連邦憲法裁判所は、1984 年 10 月 17 日の決定で、養育委託のときに、民法第 1666 条 1 項 1 文の要件が存在していなかったとしても、子が養育委託されているときに、実親への引渡しにより子の身体的・情緒的健康への重大かつ後々にまで影響を及ぼすような持続的損害が見こまれるのであれば、養育期間が長期に及んでいるだけで基本法 6 条 1 項の保護対象になる、すなわち、養育家庭は基本法上の「家族」であると判示したのである。

第Ⅴ章

現行ドイツ法における里親の
法的地位に関する法律構成

　本章では、日本（の児童福祉）法でいうところの里親に最も近いといえる
養育形態を「ドイツ法における里親」と称することにする[67]。

　前章では、ドイツ法について長期養育関係になった里親里子関係の法的保
護の考え方や仕組みを歴史的な流れに沿ってみてきた。ここでは、里親里子
関係が創設から終了まで（長期養育関係ということではなくて）、一般的にどの
ような経過で、どのような仕組み、法律構成で運用されているのかを概観し
ておく。

　なお、本章で扱う法律条文は 2023 年時点のものである。そのため第Ⅳ章
で扱った条文も改正されて、さらに詳細なものになっていたり、新設されて
いる条文も存在する。それら条文は、必要に応じて注で訳出してある。

---

67)　ドイツ法の制度を里親と称してよいかは検討が必要である。里親と称すること
　により、日本法の里親と同じと考えられてしまうと制度理解の点で不都合が生じ
　る可能性が大きい。このことから日独の用語対照表を示しておく。

日本：児福法が規定	ドイツ：KJHG（児童ならびに少年援助法）・民法が規定
里親	養育親（育ての親 Pflegeeltern）・ 養育人（Pflegeperson）
里親［による］養育	全日養育（Vollzeitpflege 昼夜を通した子の養育）
里子	育ての子（Pflegekind）を里子と翻訳

1　里親養育の開始

　ドイツ法では、養育親（＝養育人）は、公的援助（公法・行政法）と私的な生活形態（民法）の間に位置付けられている[68]。この点は、日本とドイツ両国の里親は同じ特色をもっているといえる。ただし、公的援助と私的な生活形態という法的には異なる要素を、法的に自覚的に把握して、両要素がそれぞれ服しているはずの法領域の原則にしたがった法規整を設けているのかどうかという点に違いがある。本章では、この違いを明らかにするために、ドイツ法上の制度を概説する[69]。ドイツ法では、児童ならびに少年援助法（以下、KJHG）と民法に規定が置かれている。まず、大枠を整理しておこう。

　子が出生家庭以外の養育家庭または養育人の下で、昼夜を通じて生活する場合としては、民法の領域では、後見人が任命されても（BGB1773条）、個人として子を引き受けられないもしくは引き受ける意思がなく、他方で養育人は後見人が担う全面的な責任を引き受けるつもりはない場合である。次いで、親が病気や事故等で子の面倒を見られないと判断して、居所指定権に基づき、自ら子を別の家庭に預け、基本的に親の配慮権は行使する場合である。三つ目が、親が子の養育・教育を引き受けるのには不適任と判明して、

---

68)　Wiesner, S./Wapler, F (Hrsg.), SGB VIII Kinder-und Jugenhilfe Kommentar, 6 Aufl., Beck, 2022, S. 574 (Wapler).; Küfner, M./Schönecker, L., Rechtliche Grundlagen und Formen der Vollzeitpflege, in : Kindler, H., Helming, E., Meysen, T., Jurczyk, K. (Hrsg.), Handbuch Pflegekinderhilfe. 2. Aufl., München : Deutsches Jugendinstitut e. V., 2011, S. 49.

69)　ドイツの里親制度全体の概要を解説したものとして、髙橋由紀子「ドイツの里親制度(I)――少年援助法制の展開と社会の変化とともに――」湯沢雍彦編著『里親制度の国際比較』ミネルヴァ書房、2004年、88頁、部分的な解説をしたものとして鈴木博人「他児養育制度としての里親制度の特色――養子制度との比較も視野に入れて――」『親子福祉法の比較法的研究Ⅰ――養子法の研究』中央大学出版部2014年、299頁、特に315頁、「ドイツにおける里親委託の法的構造」同書349頁。なお、床谷前掲書（注13）303頁、特に331頁。

子が出生家庭以外の養育家庭に託置される場合である。この三つ目の類型が
KJHG により規整されている[70]。日本の児福法上の里親制度との比較法的検
討の対象にするのは、三つ目の KJHG による法規整なので、KJHG で里親制
度がどのように規整されているかを見てみる。

　KJHG では、教育援助（27 条・Hilfe zur Erziehung）制度により、親が子の
教育[71]について必要があるとき、親の教育を補ったり、支援したり、必要
ならば親に代替する援助が提供されている[72]。これは、社会福祉サービスの

---

70)　Dethloff, N., Familienrecht, 33. Aufl., 2022, Beck, S. 483, §14, Rn. 1.

71)　ここでいう教育（Erziehung）とは学校教育という意味ではなく、日本語の意味
　　としては養育とか子育てという言葉に近い。

72)　KJHG 第 27 条　教育援助 (1) 身上配慮権者は、児童もしくは少年の教育を行う
　　にあたり、その福祉に合致する教育が保障されず、かつ援助がその発達に適切か
　　つ必要であるときは、援助（教育援助）を請求する権利を有する。(2) 教育援助
　　は、とくに第 28 条から第 35 条までの定めにしたがって行われる。援助の種類と
　　範囲は、個別事例における教育上の必要にしたがう。その際、児童もしくは少年
　　の身近な社会環境が考慮されるものとする。異なる援助方法は、それが児童もし
　　くは少年教育上の必要に合致する場合には、相互に組み合わせることができる。
　　(2a) 父母の住居の外で児童もしくは少年の教育が必要である場合、他の扶養義務
　　者がその任務を引き受ける用意があることをもって、教育援助請求権は消滅しな
　　い。この場合、教育援助の実施は、その者が第 36 条ならびに第 37 条にしたがい
　　公的少年援助の主体と協力して援助の必要を充足する用意があり、かつそれに適
　　していることを前提にする。(3) 教育援助は、とくに教育学的給付およびそれと結
　　びついた治療的給付を含む。必要な場合には、教育援助は、職業教育および就労
　　措置を含むものとし、かつ、本編の別の給付と組み合わせることができる。教育
　　上の必要性から学校や大学で必要とされる指導や付き添いは、個別事例で児童も
　　しくは少年の必要にかなうものであれば、グループ提供として児童もしくは少年
　　に提供することができる。(4) 児童もしくは少年が、施設もしくは養育家庭に滞在
　　中に自身が子の母になるときは、教育援助は、子の養育および教育についての支
　　援も含む。KJHG の邦訳は、岩志和一郎・鈴木博人・髙橋由紀子共訳「ドイツ社
　　会法典第 8 編「児童ならびに少年援助」全訳」『子の権利保護のためのシステムの
　　研究──実体親権法と児童福祉法制の連動のあり方──』平成 17 年度-18 年度科
　　学研究費補助金（基盤研究 (C) 一般）研究成果報告書（研究代表者　岩志和一郎）
　　2007 年、25 頁に依拠し、改正、新設された部分については著者が仮訳したもので

一つの特別なカテゴリーを構成している[73]。具体的な教育援助の形は、個別にKJHG28条から35条に規定されている。その名称だけ条文にしたがって挙げると、教育相談、ソーシャルグループワーク、教育補佐人・世話援助者、社会教育学的家族援助、デイグループでの教育、里親養育、施設（ホーム）での教育・その他世話を受ける居住形態、集中的な社会教育学的な個別の世話である。これらの教育援助を請求する権利を配慮権者が有するという構造になっている。日本の児福法が、親権者の請求権としてではなく行政の措置として規定しているのと構造的に全く異なっている。

　Vollzeitpflge（里親養育）に関する規定はKJHG33条である[74]。里親養育では、昼夜を通して親の家庭——出生家庭——以外の場所で教育援助が行われる。この教育援助が行われるのは親が子の養育に故障があり、かつ子の福祉のためには親と離れて生活することが必要な場合である。この場合教育援助は、親の教育をする資格・能力の改善もしくは回復を目ざす。そのために親は一時的に親の任務から解放され、その間に教育資格・能力の改善が目ざされる。これが、教育援助の親への援助の側面である。他方で、子に対しては、親の家庭に戻って、再びそこで教育が行われるようになるほど親の家庭の生活環境が改善するまで、養育家庭で子の福祉に合致した教育を受けられるというのが、子への援助の側面である[75]。親の家庭への復帰優先は、KJHG37条1項2文および3文に規定されている。

　教育援助として適切かつ必要な援助（KJHG27条1項）が里親養育である場合、公的少年援助の主体（少年局）は、その責任において養育人（里親）の適

　ある。

73）　Wiesner/Wapler, a.a.O. (Fn. 68), S. 519, §27 Rn. 1 (Wapler).

74）　KJHG第33条　里親養育：里親養育という形での教育援助は、児童もしくは少年の年齢と発達状態、個人的な繋がり、ならびに出生家庭での教育条件の改善の可能性に応じて、期間を定めた教育援助もしくは永続的に設定された生活形態を提供するものとする。特に発達が妨げられている児童もしくは少年に対しては、適切な形での家庭養育が行われかつ強化されなければならない。

75）　Wiesner/Wapler, a.a.O. (Fn. 68), S. 568, §33 Rn. 1 (Wapler).

性を審査し、審査を通った養育人に、少年局の斡旋によって里親養育（昼夜を通じた全日養育）が委ねられるに至る。ただし、里親養育の委託は少年局から直接養育人に委託されるわけではない。以下でみるように、KJHG36条による援助計画策定のプロセスを経なければならない。この点は、日本法では、親権者が明確な反対の意思を表明しないかぎり児福法27条の措置はとることができるということになっているのとは異なる対応である。

　KJHG36条は、公的少年援助の主体（少年局）に次のことを義務づけている[76)]。

　(a)　給付請求に関する決定前に給付の名宛人（受給者）に助言すること、

　(b)　長期間の援助の場合、複数の専門家の協力を保障すること、

　(c)　援助計画を立案しかつ続行していくこと、

　(d)　兄弟姉妹関係を考慮すること、

　(e)　他の公的機関、施設、サービスおよび人物を参加させること、

　(f)　統合援助を実施する際には、経験を積んだ医師を参加させること、

　(g)　配慮権をもたない父母の参加を考慮すること、である。

　これらの義務を充足することを求める権利を、受給権者（里親養育についていえば、児童・少年（後見人・補充保護人が任命されているときは後見人・補充保護人も）、配慮権者たる父母、配慮権をもたない父母）は有する。親の家庭以外の場所に児童・少年が託置される場合、関係者の権利はKJHG37条以下に、援助計画に関してはKJHG37c条に具体的に規定されている。

　このように関係者が援助計画策定に参加させられねばならないのは、人的な援助にあっては、受給権者が参加することにより、福祉的給付の成功にもつながるからである。したがって、援助計画策定への参加というのは、単なる手続法的な意義をもつだけではなくて、実質的な意義をもつのである[77)]。また、子どもの権利という視点から付言すると、KJHG36条は、同法8条の児童・少年を、その発達に応じて自分の公的少年援助の決定に参加させねば

---

76)　Wiesner/Wapler, a.a.O. (Fn. 68), S. 747, §36 Rn. 9 (Gallep).

77)　Wiesner/Wapler, a.a.O. (Fn. 68), S. 747, §36 Rn. 9 (Gallep).

ならないという児童・少年にとっての権利を、援助計画の策定に即して具体的に規定したものである。

父母が援助計画策定のためのあらゆる協力を拒否していても、児童・少年のための援助実施のための基本的な同意があるかどうかを判断する必要がある。この場合、少年局は父母に対して援助方法、援助形態、援助期間について情報を提供するとともに、身上配慮権者の権利についても教示しなくてはならない。そのうえで、少年局は繰り返し身上配慮権を有する父母の協力を得られるように努めなくてはならない[78]。少年局の教示・支援等にもかかわらず配慮権者である父母の配慮権を制限する必要がある場合には、民法の親の配慮権制限という局面になる。この点、日本の児福法では28条審判という手段が用意されているが、ドイツ法の論理からすると、児福法28条審判は親権制限（少なくとも居所指定権の制限）手続きなのか、児相が行う行政法上の措置の承認なのか不明確である。行政法上の措置の適否を判断するものでありながら、身分権としての親権を制限しているように見える不思議な制度ということになる。

KJHGの援助プロセスを断念して民法1666条に基づく家庭裁判所の親の配慮権制限判断に移行するかどうかは、管轄する専門的な担当者もしくは必要があればその他の専門家が加わって判断が下されることになる[79]。

里親養育のための許可という見出しが付されているKJHG44条は、児童・少年を自己の家庭に昼夜を通じて引き取りたいと考える者を養育人（Pflegeperson・里親）といい、養育人は許可を得ることを要すると規定する。教育援助を請求するのではなくて、身上配慮権者（父母もしくはその一方）が自ら養育人に子を託置して養育を依頼する場合が許可を得る必要がある里親養育ということになる[80]。ただし、以下の6タイプの養育人は同条の許可を

---

78) Wiesner/Wapler, a.a.O. (Fn. 68), S. 750, §36 Rn. 15a (Gallep).

79) Wiesner/Wapler, a.a.O. (Fn. 68), S. 519, §36 Rn. 15a (Gallep).

80) 日本法で類似のものを探すと、児福法30条1項の同居児童の届出がある。これは許可ではない。

得る必要はないとする（同条1項1-6号）。1号は、教育援助（KJHG27条）の
一つの形態としての里親養育と知的障碍をもつ子の統合援助（KJHG35a条2
項3号）、2号の形態の一つとしての里親養育を挙げている。本号が挙げる
家庭的形態での養育にあたっては、少年局等の公的な援助主体が里親の適性
審査等を行ったうえで斡旋するので、改めての許可は不要とされている。2
号は後見人もしくは保護人による養育で、後見人（民法1779条）もしくは保
護人（民法1909条、1915条）が委託された子を自分の家庭で引き受けるとい
う場合である。これらの場合は、家庭裁判所が十分に監督でき、義務違反が
あったときには、適切な命令や禁止によって介入できるからだという[81]。3
号は、3親等内の血族または姻族による養育は、許可不要としている。3親
等内の血族には、祖父母、曾祖父母、おじ、おば、兄弟姉妹、甥、姪が該当
し、それぞれの配偶者が3親等内の姻族になる。これらの者が養育許可不要
とされているのは次の理由による。すなわち、家族的な教育環境は、可能な
限り国家の介入を免れるべきであり、かつ挙げられている血族または姻族の
下にいる子は、監督という意味での国家による保護を必要としないからだと
いう[82]。4号は、8週間以内の期間であれば、父母または身上配慮権者が子
にしかるべき保護を確保するのに十分な影響力を発揮できるので、それにも
かかわらず許可の対象にするというのは、親や身上配慮権者の権利に不必要
に介入しないという比例原則に抵触してしまうからだという[83]。具体例とし
ては夏休みのような学校休暇の時に元里親のところを8週間以内の予定で訪
問する場合である。5号（生徒または少年交流の場合）は、例えば、語学学校
に通う者がホストファミリーのところへホームステイするような場合であ
る[84]。6号は、養子縁組前養育（試験養育）も里親としての養育許可は不要と

---

81)　Wiesner/Wapler, a.a.O. (Fn. 68), S. 1111, §44 Rn. 14 (Wiesner).

82)　Wiesner/Wapler, a.a.O. (Fn. 68), S. 1111, §44 Rn. 15f. (Wiesner). 本文中の見解
　　には、疑義も提起されている。近い関係にある血族ならば、養育人の責任をもっ
　　た義務の履行が保障されることになるのかという疑問が存在するという。

83)　Wiesner/Wapler, a.a.O. (Fn. 68), S. 1112, §44 Rn. 16 (Wiesner).

されている。これは、養子縁組斡旋機関（原則として少年局）によって、養親としての適性を審査されているからである。以上挙げられている形態以外の昼夜を問わず、子を家庭に引き取って養育するものが里親養育の許可を要するものとなる。そうすると里親養育（Vollzeitpflege）には複数のタイプの家庭養育が含まれているということになる。

2　養育人はどのような権限をもって子（育ての子＝里子）を養育しているのか？

　里親養育では、養育人（里親）はどのような権限をもって子を養育しているのであろうか。とりわけ、民法上の親の配慮権との関係はどうなっているのかが重要である。日本法はこの点が曖昧にされたまま、というか法的な規整がないという意味で無法のまま里親委託が行われているだけにやや詳しくみておこう。

　前節でみたように、ドイツ法では養育委託は措置ではなくあくまでも公的援助主体（少年局）による援助（相談と支援）である。里親も資格認定された者を少年局が実親（配慮権者）に斡旋する。他方で、教育援助としての里親には金銭が公的な社会給付として支給される。子どもが、公的援助を得て個人の家庭で生活することになるので、公法と民法の規定が絡み合ってこの関係を規整している。

　里親養育の最も中心的な部分は、親の配慮権に関わることを養育人が代わって行うということであり、その行為は法律行為としては家族法上の行為である。親が身上配慮権を有している限り、その権限を養育人が行使するためには、実親（配慮権者）と養育人（里親）とが私法上の養育契約を締結する必要がある[85]。この養育契約の法的性質については議論があるが、ここでは詳

---

84)　Wiesner/Wapler, a.a.O. (Fn. 68), S. 1113, §44 Rn. 16b (Wiesner).

85)　養育契約のモデルについては、鈴木博人「ドイツの里親制度(Ⅱ)」湯沢雍彦編著『里親制度の国際比較』ミネルヴァ書房、2004年、113頁掲載のものを参照の便宜

しく取り上げない[86]。養育契約は、KJHG36 条の援助計画策定によって援助内容が確定した教育援助の内容を反映したものになる。

　問題は、養育人（里親）がどのような権限をもって児童・少年を引き受けて養育するのかということである。実親は配慮権を制限されたわけでもないので、引き続き実親が配慮権者である。配慮権問題は、一身専属的な身分権である配慮権に関わることなので、行政法に属する社会法典第 8 編の KJHG が規律できない領域に属する。配慮権はもたなくても養育人（里親）が判断してよいとされる事項と親の配慮法上何らかの方策が講じられなければ養育人（里親）には対応できない事項が存在する。前者に属するのは、日常生活事項に関する決定権である。この法的根拠は民法 1688 条 1 項である[87]。日常生活事項は、児童・少年の発達に決定的・持続的な影響を与えないが、「日常」生起する事項に対応するための判断権限をしっかりと法律に規定してい

のために、本章末に資料として掲載しておく。

86)　たとえば、雇用契約、委任とするものがある。また社会法典 10 編 53 条により公法上の契約も合わせて締結されなければならないという指摘も存在するという。Vgl. Wiesner/Wapler, a.a.O. (Fn. 68), S. 574f., §33 Rn. 27 (Wapler)；Kunkel, P.-C./ Kepert, J. /Pattar, A.K., Sozialgesetzbuch VIII Kinder- und Jugendhilfe, 8. Aufl., Nomos, 2022, S. 450, §33, Rn. 19. 民法の代表的な教科書の一つでは、請負契約、雇用契約および賃貸借の要素をもつとする。Dethloff, a.a.O. (Fn. 70), S. 484, §14, Rn. 9.

87)　民法 1688 条（養育人の決定権）(1) 子が長期間家庭養育で生活しているときには、養育人は、日常生活に関する事項について決定し、ならびに右の事項について親の配慮の保持者を代理する権限を有する。養育人は、子の勤労収入を管理し、ならびに子のための扶養、保険、年金およびその他の社会給付を要求しかつ管理する権限を有する。第 1629 条 1 項第 4 文を準用する。(2) 養育人は、社会法典第 8 編第 34 条、第 35 条および第 35a 条 2 項 3 号ならびに 4 号所定の援助の枠内で子の教育および世話を引き受けた者と同等の権限を有する。(3) 第 1 項及び第 2 項は、親の配慮の保持者が何らか異なる意思を表明する場合には適用されない。家庭裁判所は、子の福祉のために必要なときには、第 1 項および第 2 項の権限を制限もしくは排除することができる。(4) 子が第 1632 条 4 項または第 1682 条の裁判所の判決に基づきその膝下に滞在する者には、家庭裁判所だけが所定の権限を制限または排除できるという条件つきで第 1 項および第 3 項が適用される。

るのである。例えば、衣料品や学用品の購入のための契約、養育人（里親）との休暇旅行、スポーツ団体等への参加、予防接種を除く子の健康上の世話が対象になる[88]。重要な事項の決定権は、配慮権者（父母）にあるわけだが、父母または養育人の申請によって、家庭裁判所は親の配慮事項を養育人に委譲できるようになっている（民法1630条3項）[89]。配慮権者たる父母も養育人も申請できるが、養育人が申請するときには、父母の同意が必要となる。父母の権限、養育人が権限を有する可能性、父母・養育人のどちらが申し立てたのかという要素を組み合わせ、なおかつ父母の親としての権利を優先するというバランスをとった権利調整条項となっている。

　養育人（里親）の下に子が委託されるときには、以上のように福祉法であるKJHGと身分権たる親の配慮（日本法の親権に対応）を規整する民法とが、公法と私法の別という近代法の基本原則にしたがって子の養育をめぐる権利と義務、何が優先されるのかを定めており、この内容が、養育人（里親）が委託された子を養育するときに有する権利ということになる。

3　養育関係の終了に際して

　養育関係の終了の際に起こり得る問題も多様である。ここでは、その際に養育人（里親）が有する権利についてのみ示す[90]。

　教育援助としての養育関係は、配慮権者・少年局（公的少年援助の主体）・児童または少年が参加して策定した援助計画にしたがい、配慮権者と養育人

---

88)　Wiesner/Wapler, a.a.O. (Fn. 68), S. 575, §33 Rn. 29 (Wapler).

89)　民法1630条（養育人の任命または家庭養育の際の親の配慮）3項：父母が子を長期間家庭養育に委託しているときは、家庭裁判所は、父母または養育人の申請に基づいて、親の配慮の事項を養育人に委譲することができる。養育人の申請に基づく委譲には、父母の同意を要する。委譲の範囲で、養育人は保護人の権利と義務を有する。

90)　Dethloff, a.a.O. (Fn. 70), S. 486ff. §14, Rn. 17ff.；Wiesner/Wapler, a.a.O. (Fn. 68), S. 582f., §33 Rn. 57f., S. 583ff. Rn. 61ff (Wapler).

との養育契約によって創設される。援助計画は、配慮権者の同意と協力が前提とされているので、配慮権者は、いつでも少年局に教育援助の終了を要求することができる。このような形での教育援助の終了で問題なければ、児童・少年がうまく配慮権者の下へ戻ることができるように支援することになる。問題は、配慮権者の下、子からすると出生家庭に戻ることがその福祉を危うくするかもしれない場合である。一つには、教育援助の原因となった問題が解決していないまま、問題を抱えた出生家庭に戻ることにより子の福祉が危うくされる場合である。また、養育家庭で養育人と子、とりわけ年少の子との結びつきが強くなり、養育家庭から離れること自体が子にとって負担が大きくなる場合である。両者が重なる事例もありうる。これらの場合に、子が出生家庭に戻ることによって、親の配慮制限を規定する民法 1666 条でいう危険が子の福祉に迫るときには、家庭裁判所は、職権でもしくは養育人の申立てに基づいて、民法 1632 条 4 項の滞留命令を出すことができる[91]。このように民法上養育人に申立権が認められている点が日本法とは異なるところである。留意すべきは、1632 条 4 項の申立て権は、養育関係が解消したとしても、子が養育家庭に引き続き留まることを求めるものであって、養育関係の終了自体を争う行政訴訟を提起することは養育人にはできないということである[92]。国家賠償法や児相による措置解除処分の取消訴訟によるほかない日本の里親が置かれている事情とこの点でも異なるところである。

---

91)　民法 1632 条 4 項：子が長期間家庭養育で生活しており、かつ父母が子を養育人から引き取りたいと考える場合、家庭裁判所は、職権によりもしくは養育人の申立てに基づき、子の福祉が引き取りにより危険にさらされると思われる場合に、かつその限りで、子が養育人の下に滞留することを命じることができる。家庭裁判所は、第 1 文の手続きにおいて職権で、または養育人の申立てに基づき、以下の場合には、養育人の下での滞留は永続的なものであると補足的に命じることができる。1. 提供される適切な相談および支援措置にもかかわらず、子の発達を考慮して是認できる期間内に父母の下での教育環境が持続的に改善せず、かつこのような改善が高度の蓋然性をもって将来においても期待できないとき、および 2 . 子の福祉のための命令が必要なとき。

92)　Wiesner/Wapler, a.a.O. (Fn. 68), S. 583, §33 Rn. 58 (Wapler).

里子契約
（家庭・長期養育）

親の配慮の保持者の氏名　　　　　　　　　　　　　　　は

　　　　　　　　　（配慮権者）　　　　　　　　　として

住所記載

　　　　　　　　　　　　　　　　　　　　により代理されて

　　　　　　　　　　　　　　　　　　　の代理権に基づき

　　　　　　　　　　　　　養育人氏名

住所記載　　　　　　　　　　　　　　　　　と

個別の規定の検討後以下の事項について合意する。

１．養育関係の種類と期間

　契約締結者は以下の点について合意する。すなわち、

　氏　　名　　　　　　　　　　　　　　　　　　　　は

　生年月日　　　　　　　　　　　　出生地

　住所

　里子として

　—年月日　　　　　　　　　　　　　　　　　から

　—年月日　　　　　　　　まで　／　　　　　　の期限で

　—不特定期間

　養育人の家庭で長期養育で受け入れられる。

２．契約締結者の共同の義務

　　身上配慮権者と養育人は、児童の福祉のために協力する義務を負う。

　　身上配慮権者と養育人は、他方の契約締結者ならびに里子の個人的事情に関する情報を機密として取り扱う。

　　養育人は、特に配慮権者と里子の関係ができるだけ促進されるよう顧慮しなくてはならない。配慮権を有する者は、自己の態度によって養育人による里子の教育を妨げないように努めなくてはならない。

　　契約締結者が合意できない時には、　　　　　　少年局、または、家庭相談所もしくは教育相談所、または、民間の担体の里子サービスの専門的助言を求める。

3．養育人の権利と義務

3.1.　養育人は、配慮権者に代わって里子を教育し、養育し、かつ、監督する。里子の教育に際して、養育人は屈辱的な教育措置を避ける。

3.2.　養育人は、父母によって決定された教育の基本方針を尊重する。里子は＿＿＿＿＿＿＿＿＿＿宗派で教育される。1921年7月15日の子の宗教教育に関する法律による里子の権利は尊重されなくてはならない。

3.3.　養育人は、配慮権者が明確に判断を下さなかったとしても、

—昼間保育施設ならびに学校の種類の選択または変更前に配慮権者の事前の同意を得るよう義務を負う。

—幼児教育施設および学校施設に存在する配慮権者の参加権を、家庭裁判所の協力なくしてその参加権の委譲が許されるかぎりで、自ら主張する権利をもつ。

—旅行、スポーツ行事や文化行事への里子の参加、少年団や団体等への参加を決定する権利をもつ。

—職業教育および職業の問題では、里子の適性と素質を斟酌し、かつ、疑義のあるときには教師もしくは他の適切な人物の助言を仰ぐ義務を負う。

—配慮権者の事前の同意によって職業教育契約や労働契約を締結し、ならびに、職業教育費もしくは労働奉仕を管理して、里子のために利用する権限をもつ。里子が後見裁判所の許可を必要とする場合、養育人は、後見裁判所の承認を得て、他方当事者に通知する権限を委任されている。

—里子のために必要な検査や治療行為を行わせる義務を負う。手術、予防接種前または医療情報によると危険を伴う治療行為の前に、養育人は、配慮権者の同意を得なくてはならない。危険が差し迫っているときには、養育人は単独で決定する権利をもつ。

3.4.　配慮権者は、里子の交際相手を第三者効をもって決定する権限を養育人に委任する。里子が養育人の意思に反してその権利をもたない第三者によって抑留されるときは、養育人は、配慮権者に代わって里子の引渡しを求めることができる。養育人は次の義務を負う。

—配慮権者に、意図された——たとえ一時的なものであっても——住所の変更を適切な時に通知し、ならびに、必要があれば里子のための警察への届け出義務を履行すること。

—里子が重病にかかる、事故に遭う、入院治療を指示されるもしくは死亡したときには、配慮権者に遅滞なく報告すること。

4．配慮権者の権利と義務

4.1．配慮権者は、養育人から里子ならびに里子の下への立ち寄りおよびその滞在場所についての情報を求める権利をもつ。訪問権については、配慮権者は、通例、養育人との事前の取り決めにしたがって、適切な時に行使するものとする。

4.2．配慮権者は次のような義務を負う。すなわち、

—養育人に、里子の養育にとって必要なあらゆる情報、特に従来の発達、病気、健康状態、学校での成績および職業等についての情報を提供すること。

—里子を適切かつ十分な資金と一緒に養育人に委託すること。里子の個人的な使用のために決められた物、ならびに、子に関する証書や証明書（出生証明、子のパスポート、予防接種証明、受洗証明書等）は、養育人に引き渡されなくてはならない。

里子は、父母／配慮権者によって

□疾病保険に加入している。

　（保険会社名等）

□疾病保険に加入していない。

また、

□責任保険に加入している。

　（保険会社名等）

□責任保険に加入していない。

5．養育費ならびにその他の財政的給付

5.1．配慮権者は、養育人に毎月　　　　　　EUR の養育費を支払う。

　　　　この養育費は前払いされなくてはならない。その月の金額は遅くとも月の第三仕事日に支払われなくてはならない。個別事例において異なる金額が合意されていないかぎり、養育人の求めに基づき、養育費は、その都度、地区の少年局によって支払われる養育費と同じ比率で変わる。

5.2．養育人が里子のために第三者から受け取る給付——例えば、父母の他方からの扶養料、遺児定期金、職業教育助成金、持分に応じて里子に分配される子ども養育補助金、子ども割増金、特別子ども手当て等——は、養育費に

□全額算入される。

□　　　　　　　　EUR 算入される。

□算入されない。

　　養育人は、里子に代わって自分自身に帰属する権利（例えば、子ども養育補助金、子ども割増金）を遅滞なく管轄機関で主張することになるであろう。これらの権利は養育費に算入される。

5.3.　里子の適当な生活必需品ならびに教育のための養育人のすべての経費、現物給付ならびに個人的な給付は、養育費によって支払われる。この中には里子のための年齢にふさわしい小遣いも含まれる。

　　特別な理由（特別な必要）による経費や給付は養育費には含まれていない。養育人が特別な必要による追加的な経費を必要であるとみなし、かつ、このような費用の補償を配慮権者に求めようと思うときには、事前の合意が必要である。

5.4.　養育費は、原則として、里子が養育期間中、養育人によってずっと面倒を見られ、世話され、または、監督されるかどうかとは関係なく支払われなくてはならない。里子が配慮権者の下で＿＿＿＿＿＿日間以上生活するときには、養育費は一日毎に＿＿＿＿＿EUR 減額される。

5.5.　配慮権者が養育費もしくは特別な必要のための費用を負担できないかまたは一部しか負担できない場合については、配慮権者は、疾病保険金庫またはその他の保険担体に対して、公的資金からの給付を求める里子の、もしくは、里子のための権利が行使できるように協力する義務を負う。身上配慮権者は、必要な書類を提出し、また必要があれば社会福祉事業の担体に申し立てを行うことになる。

6.　訪問ならびに休暇の取り決め

6.1.　配慮権者（父母、後見人、保護人）、血族またはその他里子の近親者の下への里子の訪問については、さしあたり以下のことが合意される。すなわち、

訪問：＿＿＿＿＿＿＿＿＿＿＿＿＿＿＿＿＿＿＿＿＿＿＿＿＿＿＿＿＿

＿＿＿＿＿＿＿＿＿＿＿＿＿＿＿＿＿＿＿＿＿＿＿＿＿＿＿＿＿＿＿＿

休暇：＿＿＿＿＿＿＿＿＿＿＿＿＿＿＿＿＿＿＿＿＿＿＿＿＿＿＿＿＿

6.2.　養育人は、里子を休暇旅行に連れて行く権利を有する。外国旅行の際には、養育人は、配慮権者の事前の許可を得なくてはならない。養育人は、里子の疾病保険保護と必要な患者搬送を配慮しなくてはならない。

　　このための、ならびに契約されるべき旅行保険保護のための経費は、
　　5.3. でいう特別な必要である。

7．養育関係の解消
　7.1. 養育関係の終了に際しては、里子の福祉が顧慮されなければならず、また、里子は間近に迫った変化に準備をさせられねばならない。
　7.2. 養育関係は次の場合に解約告知を必要とすることなく終了する。
　　―少年局によって付与された養育許可の失効、法的に有効な取消しもしくは撤回によって。養育人がドイツ連邦共和国の別の少年局の管区に転居したという理由のみで養育許可が失効したならば、現在管轄権を有する少年局が養育許可を与えない場合に初めて養育関係は終了する。
　　―少年局による里子の他の方法での託置によって（少年援助法 43 条）。
　　―契約が締結されている期間の経過にともない、または合意された廃止によって。
　　―成年到達によって、または里子の婚姻締結によって。
　　または
　　―里子の養子縁組によって。
　7.3. 養育関係は、他の契約締結者に対する意思表示によって文書で解約告知することができる。
　　　　　　　カ月の解約告知期間に合意する。
　　解約告知期間は、重大な理由がある場合には、遵守される必要はない（即時の解約告知）。
　　重大な理由とは特に以下のものである。すなわち、
　　―里子の教育、監督、面倒見または健康が危険にさらされる養育人の重病。
　　―外国への養育人の移住。
　　―養育人の離婚または長期間続く別居。
　　―養育人の死亡。
　　―里子の一時的でないその他の方法での託置を必要とする理由、例えば、里子の放置または虐待。
　7.4. 養育関係は告知期間の経過に伴い、重大な理由からの解約の場合には解約通知の到達とともに、もしくは、解約通知のなかで設定された期間の到達と同時に終了する。
　　養育関係の終了にいたるまで、養育人は契約で確定された権利と義務を引

　続き行う。

8．養育契約の終了

　　里子が家庭裁判所の決定に基づいて引続き養育家庭に滞在するときには、それにもかかわらず配慮権者と養育人間の契約上の合意の効力は失効する。

9．里子の返還

　　養育契約の終了にともない、里子は配慮権者の保護下に委ねられなくてはならない。同時に配慮権者に、里子の私物ならびに里子に関する証書が引き渡されなくてはならない。

　　配慮権者は、里子の今後の養育ならびに教育を時機を失せずに確定する義務を負う。すでに養育関係の終了後の期間支払われた養育費は、求めに応じて返金されなくてはならない。

10．里子の同意

　　長期家庭養育での託置は、契約締結時に14歳に達した里子の同意を必要とする。

11．少年局の許可

　　養育関係が少年局の許可を必要とする場合、この許可が付与されると初めて契約は効力をもつ。

　　配慮権者署名　　　　　　　　　　　　養育人署名

　家庭養育での私の託置の目的ならびに期間に関する詳細な教示と討議後、私は、本契約に同意します。

　　　　　　　　　14歳以上の未成年者の署名

第Ⅵ章

基本構造に関する比較法的考察

　本書は、ドイツ法を比較法の対象にして、里親――福祉法（日本：児童福祉法、ドイツ：旧法・少年福祉法、現行法・児童ならびに少年援助法）上の制度に限らないという意味では、育ての親（養育人）――の法的地位について検討するという目的で出発したものである。本章では、ドイツ法を比較の尺度として（ドイツ法が尺度として絶対であるとか最良であるという意味ではもちろんない）、日本法上の里親の法的地位（里親の法的地位は当然里子の法的地位にもつながっていく）、里親里子関係の法制度上の位置づけについて議論のまとめを行ったうえで、今後の制度の在り方の方向性について検討したい。

　本書で扱った最も古い時代の法規定は、ドイツの近代私法史上、最初の包括的な里親里子関係規定をもったプロイセン一般ラント法（ALR）上の規定である。本書では，ALR の里親里子関係については、BGB の立法過程での議論に関連して扱った。その時代から里親里子関係について民法上の法規定を設けるべきかどうかが議論されていた。そしてそれらの議論では一貫して、里親の法的地位、つまり、どうして里親は他人の子（他人の子のなかには親族の子も含まれている）を養育できるのかの法的根拠に、配慮権者（1979 年成立、1980 年施行の親の配慮法より前の親権法の時代にあっては親権者）の身上配慮権（同・身上監護権）に由来するものとされてきた。BGB 立法時には、里親里子関係は、それほど利用されてはいないという認識の下、民法に規定されなかった。しかし、その後ほどなくして里親の法的地位、里親里子関係を私法（民法）上規定する必要があるということで、そのための法案作成が行

われてきた。本書は私法上の里親の法的地位に焦点をあてるものなので、その間に制定されたライヒ少年福祉法、1961 年の少年福祉法における里親制度については言及していない。1991 年の新しい法律、社会法典第 8 編の児童ならびに少年援助法における現行福祉法上の制度としての里親制度の仕組みについては、第 V 章で紹介しているにとどまる。

　私法上の里親里子関係をめぐる議論および立法の歴史で本書が扱っているのは 1980 年法施行の親の配慮法までである。その後も立法論としての議論は続けられて、民法上の条文改正は 1997 年親子法改正法でも行われている。本書が、ドイツ民法で里親里子関係が初めて規定された 1980 年施行の1979 年法までと同法施行後の若干の議論をフォローしたものなのは、里親の法的地位が民法上規定されるまでの議論が日本法で欠けている議論であると考えたからである。

1　里親里子関係をめぐる法規整が抱える課題

　ドイツでは、1980 年に新法が施行された後も里親の法的地位をめぐる議論は盛んに行われた。1982 年にニュルンベルクで行われた第 54 回ドイツ法曹大会では、里親の法的地位がテーマにされた。そのときに鑑定書を執筆したディーター・シュヴァープ（Dieter Schwab）は、議論の前提として次の諸点を挙げている[93]。

　a）家庭養育（Familienpflege）は、養子縁組にも後見にも至らない典型的な継続的関係として社会的に存在している。

　b）家庭養育は、社会政策的には、一方では出生家族における子の危機に、他方では施設での育成にとってかわる重要な選択肢であり、法的保護を

93）　Schwab, Dieter, Zur zivilrechtlichen Stellung der Pflegeeltern, des Pflegekindes und seiner Eltern – Rechtliche Regelungen und rechtspolitische Forderungen in : Verhandlungen des 54. Deuschen Juristentag, Band I (Gutachten) Teil A, Beck, 1982, A65f.

受けている。

　c）養育家庭に子がなじんでいくという経過の中で、子は里親に対して自然の親子関係、つまり法秩序の保護を必要とする現に存在する人的な結びつきを発展させうる。

　d）養育人は、その社会的な任務を超えて、典型的には単なる職務管理の一覧表に組み入れるものではない、子との個人的な愛情関係を自ら発展させる。

　e）相互の個人的な結びつきや愛情の成立は、法の外で行われるが、法によって目に見える形にされるのである。法秩序は、形成された個人的かつ社会的に現実に即した法規整を提供するのである。

　f）法は個人的な現実を生み出すのではなくて、生じた現実に対応するものなので、完璧な法規整を求める試みは有害である。公法上または私法上、養育関係の法的承認を広範囲におよぶ要件や条件にかからせようとするとそうなってしまう。例えば、法に従わずに成立した事実上の親子関係も、子の福祉という視点の下では法秩序の保護を必要とする。

　g）子と里親との間に成立している養育関係の保護は、現行法上十分に提供されているとはいえない。養育関係は、すべての曖昧さは一掃できないとしても、多くの曖昧さによって負担を担わされている。

　h）とはいえ、あらゆる場面で満足のいく法的状況を作り出すには相当な障害が立ちふさがっている。これらの障害は、養育関係の多様な形態の中に存在するし、具体的な事情のそれぞれ異なる経過にも由来するものである。

　i）養育関係とその法的な取扱いは、最善の解決は夢想的なものであると思わせるほど二律背反的な特徴をもっている。

　・監護権の行使と監護権の保持は合致しない。保護されるべき養育の領域と保護のための法的権利が合致していない。

　・養育関係開始時には、実父母の下に子が戻るということが想定され、目指されているが、この目標を達成しようとすると、子に損害が生じざるを得ない事態が発生しうる。二兎は追えないという状況が生まれうる。

・子と里親との間に成立する養育の領域は、実父母に対しても保護される
　が、養育委託に二の足を踏ませるということにもなりかねない側面があ
　る。初めから一定の要件の下で、養育委託が最終的な実父母の監護権の
　喪失に結びつくような場合である。

・実父母に対しても防御機能を広げている監護権をもつ里親の存在は、里
　親の監護権と父母の扶養義務というバランスを欠いた状況を招く。

・子と里親との間に生まれた親子関係を監護法は保護するが、子であるこ
　とのその他の法律効果、つまり扶養請求権や法定相続権は付与されな
　い。ことによると、里親里子関係の法的保護は、里親と里子の養子縁組
　をしようという気持ちを起こさせなくしてしまうかもしれない。

　k）以上からすると、実父母の権利を必要以上に剥奪せず、他方で行われ
るべき養子縁組を行わないで済むような養子縁組の代用方法とはせず、子の
福祉という命題を具体的事例に即して考えていく綱渡りのような作業が必要
になる。

　シュヴァープが上に示した課題は、1980 年の新監護法によって民法（私
法）上、里親にも法的地位が与えられた後での指摘である。しかし、ここで
示されている諸点は、日本法が今後克服していくべき課題であるともいえ
る。

2　里親の権利の淵源——日本法との比較

　前節で示した課題を克服するにあたって、ドイツ法と日本法の里親をめぐ
る法構造の違いを確認したい。

　本書で見てきたように、ドイツ法での里親の養育権の根拠は、終始一貫し
て親権・親の配慮権に由来している。親の持つ身上配慮権を中心とする親の
配慮権のどの部分が実親から里親に委譲されているのかを明確にしようとし
ている。公的な福祉機関である少年局が関わる里親であっても、この構造は

変わらない。少年局は、里親を実親にあっせんしているのである。実親が親の配慮権を制限されているときには、その配慮権制限の程度によって、親の配慮権の全部制限を受けているときには実親のもつ権限は後見人に、親の配慮権の一部が制限されているときはその部分の権限を保護人がもち、元々は親の配慮権に由来する権限をもって里親に養育を委ねる一方当事者になるのである。

　この構造からは二つのことを指摘することができる。

　一つは、長期養育になったとき、その長期里親里子関係の解消を親権者から求められたときには、1979年法制定までは親権の濫用という法律構成で里親側はずっと対抗してきたということである。この理論的、歴史的な流れの中で、1979年新監護法は、養育委託に至った「動機または期間」という審査要件を民法に規定することによって、民法1666条の配慮権制限の要件を里子については軽減したのである。その前提になっているのが、子どもの時間的体験、時間感覚を尊重すべきという「心理学的」あるいは「社会的」な親・親子関係という考え方であった。こうした法律構成の下では、私人間の養育委託であっても、少年局があっせんした養育委託であっても、等しく民法1632条4項の適用対象になるのである。

　では、同様の法律構成を日本法はとっているのだろうか。答えは否である。多くの日本の学説が里親里子関係を私的里親と公的里親に分けて議論している理由はここにある。

　ここからが二つ目の指摘になる。

　ドイツ法の構造に従うと、里親里子関係をめぐる法律構造は、① 親権者・配慮権者、② 里親、③ 里子の三者の関係となる。ところが、日本法では私的里親にはこの構造を当てはめることができても、公的里親の構造はこうなっていない。① 親権者・配慮権者（日本の現行法では親権者という用語しかないが、ドイツ法との比較対象のために記載しておく）、② 都道府県知事（実質的には児童相談所）、③ 里子という構造になっている。この構造があるため、日本の学説の多くが里親委託の法的構造を説明するときに、上記 ② の児童相談

所の措置をどのように契約法的に位置づけるかに苦心しているのである。この点で苦心するのは、里親委託が行政法上の措置だからである。この点について、シュヴァープは、里親養育の諸関係を公法領域に移すという提案は受け入れられないという。すなわち、「この提案は、少なくとも、父母が配慮権——その領域で里親が活動すべき——の保持者であるすべての事例で完全に実施できないものである。つまり、その場合、養育者の法的地位は、父母の配慮権から導き出されるのであり、公法上の諸手段では全く行うことができないのである。なぜなら、父母はなるほど社会的な諸機能の担い手ではあるが、公法上の諸機能の担い手ではないからである——社会的なるものと公法上の利用手段とを同一視するということは、17 世紀の官治国家への逆戻りを意味するからである」[94] と。

17 世紀という意味は、近代市民社会法成立以前という意味である。社会契約思想に基づき、近代国家の下、公法と私法というそれぞれの領域が独立した形をとったのが 18 世紀以後である。里親の法的地位の淵源が措置にあるというところは、市民社会以前の法構造を持っているというのである。この構造の下では、里親は措置解除されれば無権限、無権利ということになる。行政行為に対する異議申立権はあるとしても、そこでは子どもの時間感覚とか、子の福祉、心理学的親子関係、社会的親子関係というような要素は配慮されない。ドイツ民法 1632 条 4 項や 1630 条 3 項のような法律構成はできようがない。

この構造が、現行日本法の下では、里親がいくら訴訟を提起してもその要求が通らない理論的理由である。

3 里親は家族なのか

本書で見たように、ドイツ連邦裁判所は、里親と里子との間に心理学的親

---

94)　Schwab, a.a.O. (Fn. 93), A75, Fn. 27.

子関係が成立していれば、基本法6条でいう憲法上保護されるべき「家族」であると判断した。それでは、法律上、日本法では、里親は「家族」なのだろうか。ドイツ基本法のように家族保護条項を持たない日本国憲法にあっては、憲法24条2項での行政施策や立法上特別に配慮、保護されるべき家族といえるのかという問題になる。ここまでのドイツ法との比較で推測されるであろうが、そもそも無権利な里親家庭が法律上、憲法上の「家族」とは現状ではいえないとせざるをえない。

　シュヴァープが指摘するように、里親は里子の日常的な監護養育を行っている一方、ドイツ法の親の配慮権、日本法の親権は、実親が保持している。里親に民法上の親の配慮権・親権の一部の保持を認めるということは、実親の配慮権・親権との関係をどのように調整するのか、場合によっては実親の権利をどの程度制限するのかという問題に直面する。ドイツ法は、親の配慮権をもつ実親からの子の引渡し請求に対して、民法1632条4項の要件に合致するときには、配慮権者の子の引渡し請求権を制限している。この問題が、民法上の問題として取り扱えるのは、BGB制定以前から実親と里親との関係が、親権・親の配慮権の配分・制限問題として考えられてきたことによる。

　日本法でも、私的里親ともいわれる私人間の養育委託は、民法上の問題として考えられてきた。それが、養育委託契約は準委任であるという法律構成である。一身専属的な身分権である親権に基づく子の引渡し請求権は、所有権に基づく所有物の返還請求権になぞらえられるほどの強力な権利である。しかし、親権法上の紛争ということであれば、親権者による引渡し請求（親権に基づく妨害排除請求）であっても、子に意思能力があって、子の自由意思に基づいて非親権者たる第三者の下に滞在しているときには、当該第三者は、親権者の引渡し請求を妨害していることにはならない[95]。

　ところが、児福法に基づく里親委託は、行政法上の措置であって、社会的

---

95)　大判大正12年11月29日民集2巻642頁、最判昭和35年3月15日民集14巻
　　3号430頁。

養護の下にある児童と位置づけられていて、民法には何の規定も置かれていない。児童福祉法27条1項3号でも、施設入所と並んで規定されている。委託措置先としての法的位置づけは、里親も施設も同列に置かれている。異なるのは、親権者または未成年後見人がいない児童の場合、施設長が親権代行者とされているが（児福法47条1項）、里親の場合は児相長が親権代行者である（同法47条2項）。そのうえで、里親も「入所中又は受託中の児童で親権を行う者又は未成年後見人のあるものについても、監護及び教育に関し、その児童の福祉のため必要な措置をとることができる」（同法47条3項）。これら児福法上の規定に対応する場面を民法はどう規定しているかというと、838条1号で、「未成年者に対して親権を行う者がないとき、又は親権を行う者が管理権を有しないとき」に後見は開始すると定めている。したがって、親権者がいないときは、民法上は未成年後見が開始しているけれども、具体的な後見人は、遺言による指定あるいは法定の請求権者による請求がなければ、子に付されることはない（民法839条、840条、841条）。

　この構造は、親権者がいなくなる場合、後見が開始してはいるのだけれども、具体的な後見人が付されていない状態が生じることがあり、その場合には施設長または児相長が児福法によって親権代行者とされているということである。子の保護に一分の隙も生じさせないというのであれば、後見が開始した時には未成年後見人が任命されていなければならないということになるはずであり、そうすれば「親権代行者」というような関係法としての家族法に登場しない、行政法上の地位に立つ者を想定するという理論的にはねじれた制度構成を設定する必要はないはずである。

　未成年者に親権者または後見人がいる場合に児福法27条1項3号の施設入所または里親委託措置がとられている場合には、親権者・後見人は、児福法47条3項所定の「監護及び教育に関し、その児童の福祉のため必要な措置をとる」ことを妨げてはならないとし（同条4項）、「児童の生命又は身体の安全を確保するため緊急の必要があると認めるときは、その親権を行う者又は未成年後見人の意に反しても、これをとることができる」（同条5項）と

している。もちろん、これらの「措置」（行政法上の行為であるから「措置」としかいいようがない）は、管轄の都道府県または市町村の長に報告することが義務付けられている（同条5項）。

　以上のような構成は、児福法の成立時からの歴史的経緯、近時の児童虐待への法的対応から行われた法改正の結果であるのだが、里親の法的地位という観点から見ると、児福法27条1項3号の措置の選択肢として、里親も施設も同列のものであるということができる。このような法構造を踏まえれば、民法上の監護権が里親には（施設にも）認められていないわけであるから、日本の判例で、里親に固有の法的地位が認められないのは、理論的には当然の帰結といえる。

　以上のような、里親をめぐる法構造は、次のような状態も生み出している。

　里親委託は、児相が行う養子縁組（ほぼ特別養子縁組）あっせんの場合に、養親となる者と養子となる者の試験監護（いわゆるマッチング）のために利用されている。里親の種別でいうと養子縁組里親と称される。日本の養子縁組あっせんの特色の一つは、児相あっせんの養子縁組とならんで民間あっせん団体によるあっせん件数が多いことである。民間あっせんの場合の試験監護は、児福法上の里親制度を利用していないので、養親となる者と実親との養育委託契約という民法上の法律構成に基づいて行われているといえる。児福法上は、同居児童の届出（同法30条1項）を提出しなくてはならないが、この届出をしたからといって該当する子が社会的養護下に入る要保護児童になるわけではない。

　同じく特別養子縁組を行うための養子となる者の委託であっても、民間あっせんケースは、親権との紐づけがある養育委託となり、仮に子の引渡しをめぐって争いが起きる場合、親権をめぐる直接的な争い（例えば、養育者としては、親権者の親権濫用を争うことが可能）になりうるが、児福法に基づき委託措置された里親は、委託解除について、本書第Ⅲ章で見たような行政訴訟で措置の不当性を争うということなり、その場合に里親が「家族」構成員とし

ての固有の法的地位に基づき争うことはできないということになる。

　以上のような日本の里親制度の抱える法的な課題、問題点の解決の方向性としては、里親・里子関係にも憲法上の「家族」であるという法的地位を与えていくということである考える。もちろん、その方向性を実現することは、社会的親子関係という枠組みでの議論も必要であり、シュヴァープが指摘するように、「綱渡りのような作業」が必要になろう。

　本書は、里親の法的地位の成り立ちを通じて、1979 年法成立までのドイツ法の歴史をたどり、なぜドイツ法では、里親が私法（民法）上の地位を与えられているのかをみることにより、私法上位置づけられていない日本の里親の法的地位の不明確さ、不安定さを法的に明らかにしようとしたものである。

　ドイツ民法の里親の法的地位に関する規定は、1979 年法の後も 2 回改正されており、現行法の法文は、1979 年とは異なっている。したがって、1979 年以後のドイツ法の変遷についての議論については、今後引き続き明らかにしていくということを約して、ひとまず本書の筆を措く。

ドイツ法主要参考文献リスト

Baer, Ingrid : Die neuen Regelungen der Reform des Rechts der elterlichen Sorge für das „Dauerpflegekind", FamRZ 1982, S.221ff.Buchhandlung des Waisenhauses, 1880.

Bundesministerium für Familie, Senioren, Frauen und Jugend(Hrsg.) : Pflegefamilien als soziale Familien, ihre rechtliche Anerkennung und aktuelle Herausforderungen, 2016.

Coester, Michael : Möglichkeiten und Grenzen einer Verbleibensanordnung, Jugenhilfe 59. Jahrgang(2021), S.283ff.

Coester-Waltjen,Dagmar ; Lipp,Volker ; Schumann,Eva ; Veit, Barbara (Hg.) : Das Pflegekindverhältnis – zeitlich befristete oder dauerhafte Lebensperspektive für Kinder? 12. Göttinger Workshop zum Familienrecht 2013, Göttinger Juristische Schriften, Band 15, Universitätsverlag Göttingen 2014.

Dernburg, Heinrich : Das bürgerliche Recht des Deutschen Reichs und Preußens, vierter Band, Deutsches Familienrecht, Verlag der Buchhandlung des Waisenhaufes, Halle a.s., 1903.

Entwurf eines Gesetzes über die unehelichen Kinder und die Annahme an Kindes Statt (Abgedruckt im Reichsarbeitsblatt 1925 Nr.37 S.459ff.), in : ZblJugR XVII, 1925, S. 175ff.

Entwurf eines Gesetzes über die unehelichen Kinder und die Annahme an Kindes Statt, in : ZblJugR XX, 1929, S.273ff. und S.304ff.

Frank, Rainer : Grenzen der Adoption, Alfred Metzner Verlag, Frankfurt am Main, 1978.

Gierke, Otto v. : Der Entwurf eines bürgerlichen Gesetzbuchs und das deutsche Recht, Duncker und Humblot, Leipzig, 1889.

Hundinger, Ina, : Das Reform der Pflegekindschaft und der neue Entwurf, ZblJugR XVIII, 1926/1927, S.205ff.

Klein : Der Dauerpflegevertrag, Jugendwohl(Katholische Zeitschrift für Kinder- und Jugendfürsorge) 32. Jahrg. 1951, S.226ff.

Klußmann, Rudolf W. : Herausnahme eines Pflegekindes aus seinem bisherigen Lebenskreis, Der Amtsvormund 1985, S.169ff.

Koch, C.F. : Allgemeines Landrecht für preußischen Staaten, Dritter Band, Achte Aufl., Verlag von J. Guttentag, Berlin und Leipzig, 1886.

Küfner, Marion : Rückkehr oder Verbleib——Eine Analyse der Rechtsprechung zu Herausgabekonflikten bei Pflegekindern, Deutsches Jugendinstitut e. V. , 2008.

Lakies, Thomas/Münder, Johannes : Der Schutz des Pflegekindes Eine Untersuchung der Rechtssprechung seit 1980, Recht der Jugend und des Bilidungswesens, 1991, 4, S.428ff.

Motive zu dem Entwurfe eines Bürgerlichen Gesetzbuches für das Deutsche Reich, viertes Buch Familienrecht, in : Mugdan, Benno, Die gesamten Materialien zum Bürgerlichen Gesetzbuch für das deutsche Reich, Band 4 Familienrecht, Neudruck der Ausgabe Berlin 1899, Scientia Verlag, Aalen, 1979.

Müller, Josef : Mindestrechte für Pflegeeltern, DAVorm 46(1973), S.153f.

Münder, Johannes : Der Anspruch auf Herausgabe des Kindes——Zur Reichweite von § 1632 I und § 1632 Ⅳ , NJW 1986, S.811ff.

Niemeyer, Gisela : Die Rechtsprechung des Bundesverfassungsgerichts zur Konfliktlösung bei Pflegekindschaftsverhältnissen, in : Klein, Eckart(Hrsg.), Festschrift für Ernst Benda zum 70. Geburtstag, Grundrechte, soziale Ordnung und Verfassungsgerichtsbarkeit, C.F.Müller Juristischer Verlag, Heidelberg, 1995, S.185ff.

Dies. : Elternrecht und Kindeswohl, FuR 1990, S.153ff.

Oberloskamp, Helga : Wie adoptiere ich ein Kind? ; Wie bekomme ich ein Pflegekind? 2.Aufl. C.H.Beck, 1988.

Salgo, Ludwig : Pflegekindschaft und Staatsintervention, Verlag für wissenschaftliche Publikationen, Darmstadt, 1987.

Ders. : Ist das Pflegekind nicht mehr das Stiefkind der Rechtsordnung ? Bericht vom 54. Deutschen Juristentag mit Zwi schenbilanz, Das Standesamt 1983, S.89ff.

Schlüter, Wilfried ╱ Liedmeier, Norbert : Das Verbleib eines Kindes in der Pflegefamilie nach § 1632 Abs.4 BGB, FuR 1990, S.122ff.

Schwab, Dieter : Zur zivilrechtlichen Stellung der Pflegeeltern, des Pflegekindes und seiner Eltern—Rechtliche Regelungen und rechtspolitische Forderungen, in : Verhandlungen des 54. Deutschen Juristentages, Nürnberg 1982, Band I Gutachten, Zweiter Teil, S. A63ff.

Simon, Dietrich V., Reformüberlegungen zur Rechtsstellung der Pflegekinder, NJW 1982, S.1673ff.

Staudinger/Salgo (2020) BGB § 1632 : Kommentar zum Bürgerlichen Gesetzbuch mit Einführungsgesetz und Nebensgesetzen Buch 4 · Fmilienrecht, de Gruyter, Berlin, 2020.

Tirey, Adelheid : Das Pflegekind in der Rechtsgeschichte, Böhlau Verlag, Köln ; Weimar ; Wien, 1996.

Zenz, Giesela : Soziale und psychologische Aspekte der Familienpflege und Konsequenzen für die Jugendhilfe, in : Verhandlungen des 54. Deutschen Juristentages, Nürnberg 1982, Band I Gutachten, Erster Teil, S. A7ff.

Dies. : Zur Bedeutung der Erkenntnisse von Entwicklungspsychologie und Bindungsforschung für die Arbeit mit Pflegekindern, ZfJ 2000, S.321ff.

Zimmermann, G. : Grundsätzliches zum Dauerpflegevertrag, ZblJugR 1954, S.288ff.

zur Nieden, Margarete : Das Adoptionswesen, Jetziger Stand und Forderungen zur Neugestaltung, Jugendwohl(Katholische Zeitschrift für Kinder- und Jugendfürsorge) 32. Jahrg. 1951, S.90ff., und (Fortsetzung und Schluß) S.119ff.

Dies. : Forderungen zur Neugestaltung des Adoptionswesens(Beiträge zur Jugendhilfe Schriftenreihe der Zeitschrift „Jugendwohl" Herausgegeben vom Referat Jugendfürsorge im Deutschen Caritaverband Heft 3), Lambertus Verlag, Freiburg im Breisgau,1952.

初 出 一 覧

第Ⅰ章　里親制度の法律構成についての基本的な疑義——本書の問題意識
　　　　書き下ろし

第Ⅱ章　日本法における里親の法的地位と構造的な疑問——問題点の明確化
　　　　「里親・里子・実親・福祉機関の権利関係に関する比較法的考察」中「二　日本法における里親の法的地位と構造的な疑問」　原田剛・田中宏治・山口斉昭・松嶋隆弘・石田瞳編『民法の展開と構成　小賀野晶一先生古稀祝賀』成文堂　2023 年 3 月に加筆修正

第Ⅲ章　日本における里親の法的地位をめぐる裁判例——［附・資料］裁判にならない措置解除事例
　　　　「日本法における里親の無権利性」中「2　日本法上の里親の法的地位（2）裁判事例、3　裁判事例の検討」　岡伸浩・小賀野晶一・鎌野邦樹・神田秀樹・北居功・棚村政行・道垣内弘人編『高齢社会における民法・信託法の展開　新井誠先生古稀記念論文集』日本評論社　2021 年 12 月に加筆修正

第Ⅳ章　ドイツにおける里親の法的地位に関する議論の歴史的変遷
　　　　書き下ろし

第Ⅴ章　現行ドイツ法における里親の法的地位に関する法律構成
　　　　上掲（第Ⅱ章）「里親・里子・実親・福祉機関の権利関係に関する比較法的考察」中「三　ドイツ法における里親の法的地位」　原田他編『民法の展開と構成　小賀野晶一先生古稀祝賀』成文堂　2023 年 3 月に加筆修正
　　　　章末資料　養育契約のモデル
　　　　「ドイツの里親制度（Ⅱ）——里親委託の法的根拠概観」中「第 3 節　養育契約 2）養育契約のモデル」　湯沢雍彦編著『里親制度の国際比較』ミネルヴァ書房　2004 年 5 月

第Ⅵ章　基本構造に関する比較法的考察
　　　　書き下ろし

索　引

著者紹介

鈴 木 博 人
_{すず き ひろ ひと}

1980 年　中央大学法学部法律学科卒業

1989 年　中央大学大学院法学研究科民事法専攻博士後期課程単位取得退学

　　　　茨城大学教養部、人文学部社会科学科助教授を経て、2002 年より中央大学法学部教授。2004 年度から 2006 年度中央大学大学院法務研究科教授併任。2007 年ミュンスター大学客員教授。ウィーン大学法学部私法研究所、ミュンスター大学法学部、ゲッティンゲン大学法学部で長・短期の在外研究。

〈主な研究業績〉

財団法人日弁連研究財団　離婚後の子どもの親権及び監護に関する比較法的研究会編『子どもの福祉と共同親権　別居・離婚に伴う親権・監護法制の比較法研究』日本加除出版、2007 年（共著）、『親子福祉法の比較法的研究 I 養子法の研究』中央大学出版部、2014 年、『養子制度の国際比較』明石書店、2020 年（編著）

親子福祉法の比較法的研究 II
　　　　――里親の法的地位に関する日独比較研究――

日本比較法研究所研究叢書（133）

2024 年 3 月 29 日　初版第 1 刷発行

著　者　鈴 木 博 人

発行者　松 本 雄 一 郎

発行所　中 央 大 学 出 版 部

〒 192-0393
東 京 都 八 王 子 市 東 中 野 742-1
電話 042（674）2351・FAX 042（674）2354

© 2024　鈴木博人　　ISBN978-4-8057-0833-0　　㈱ TOP 印刷

日本比較法研究所研究叢書

日本比較法研究所研究叢書

日本比較法研究所研究叢書

67	藤本哲也 編著	諸外国の修復的司法	A5判 6600円
68	小島武司 編	ＡＤＲの実際と理論Ⅱ	A5判 5720円
69	吉田豊 著	手付の研究	A5判 8250円
70	渥美東洋 編著	日韓比較刑事法シンポジウム	A5判 3960円
71	藤本哲也 著	犯罪学研究	A5判 4620円
72	多喜寛 著	国家契約の法理論	A5判 3740円
73	石川・エーラース グロスフェルト・山内 編著	共演 ドイツ法と日本法	A5判 7150円
74	小島武司 編著	日本法制の改革：立法と実務の最前線	A5判 11000円
75	藤本哲也 著	性犯罪研究	A5判 3850円
76	奥田安弘 著	国際私法と隣接法分野の研究	A5判 8360円
77	只木誠 著	刑事法学における現代的課題	A5判 2970円
78	藤本哲也 著	刑事政策研究	A5判 4840円
79	山内惟介 著	比較法研究 第一巻	A5判 4400円
80	多喜寛 編著	国際私法・国際取引法の諸問題	A5判 2420円
81	日本比較法研究所 編	Future of Comparative Study in Law	菊判 12320円
82	植野妙実子 編著	フランス憲法と統治構造	A5判 4400円
83	山内惟介 著	Japanisches Recht im Vergleich	菊判 7370円
84	渥美東洋 編	米国刑事判例の動向Ⅳ	A5判 9900円
85	多喜寛 著	慣習法と法的確信	A5判 3080円
86	長尾一紘 著	基本権解釈と利益衡量の法理	A5判 2750円
87	植野妙実子 編著	法・制度・権利の今日的変容	A5判 6490円
88	畑尻剛 工藤達朗 編	ドイツの憲法裁判 第二版	A5判 8800円

日本比較法研究所研究叢書